Dankbarkeit und positive Emotionen

Dankbarkeit

und positive Emotionen

Übungen und Rituale
für Gruppen und Einzelne

von Klaus W. Vopel

iskopress

ISBN 978-3-89403-396-5

Internet: www.iskopress.de
Umschlaggestaltung:
Mathias Hütter, Schwäbisch Gmünd
Druck und Bindung:
Aalexx Buchproduktion, Großburgwedel

Bibliografische Information der Deutschen Bibliothek
Die Deutsche Bibliothek verzeichnet diese Publikation in der Deutschen Nationalbibliografie;
detaillierte bibliografische Daten sind im Internet über http://dnb.ddb.de abrufbar.

Inhalt

Dankbarkeit und positive Emotionen

In den letzten Jahren hat die psychologische Forschung begonnen, sich mit dem Thema der Dankbarkeit zu beschäftigen. Dabei kamen sämtliche Untersuchungen zu ähnlichen Ergebnissen: Eine Haltung der Dankbarkeit hilft uns, die Schwierigkeiten des Lebens zu bestehen. Sie trägt zu innerem Frieden, zu Gesundheit und zu besseren persönlichen Beziehungen bei. Dementsprechend müssen wir uns darum bemühen, die Haltung der Dankbarkeit in Erziehung und Therapie zu verankern.

Wenn wir in der Geschichte zurückschauen, dann sehen wir, das dieses Thema bereits seit Jahrhunderten ein große Rolle spielt. In allen Kulturen wird die Dankbarkeit hoch geschätzt, was sich sowohl in der jüdischen Tradition, in der Geschichte des Christentums, im Islam wie in den buddhistischen Schriften und in der Literatur der Hindus spiegelt. Im alten Rom verkündete Cicero, dass Dankbarkeit nicht nur die größte Tugend darstelle, sondern die Mutter der Tugenden überhaupt sei. Buddha hielt Dankbarkeit für ein zentrales Merkmal des kultivierten Menschen. Die mittelalterlichen christlichen Theologen priesen die Vorzüge der Dankbarkeit und erklärten die Undankbarkeit zur Sünde. In nahezu allen Religionen und ethischen Systemen wird darauf hingewiesen, wie wichtig es ist, dankbar zu sein, wenn wir Gutes erfahren haben, und dies auch auszudrücken.

Da die meisten Religionen ihren Anhängern nahelegen, Dankbarkeit zu zeigen, und zwar nicht nur Menschen gegenüber, sondern auch gegenüber Gott und der Natur, stellt die Dankbarkeit für viele von uns auch das Zentrum unserer spirituellen Welt dar. Dieses universale Gefühl lässt uns erleben, dass wir miteinander wie auch mit den Mächten des Kosmos verbunden sind.

Der humanistische Psychologe Abraham Maslow beschäftigte sich mit den Charakteristika eines Menschen, der sich selbst verwirklicht. Als wesentlich betrachtete er die Fähigkeit zu staunen und Ehrfurcht vor dem Leben zu empfinden. Menschen, die imstande sind, sich selbst zu verwirklichen, haben nach Maslow die Fähigkeit, das Leben zu genießen und dabei tiefe Rührung und sogar Ekstase zu spüren. Die Gabe, auch einfache Dinge intensiv zu erleben, gibt diesen Menschen sowohl Inspiration als auch persönliche Stärke. Maslow war überzeugt, dass unser aller Leben sehr viel besser wäre, wenn wir weniger Dinge für selbstverständlich nähmen und sie stattdessen mit Dankbarkeit erlebten. Darum versuchte er, Methoden zu entwickeln, die eine Praxis der Dankbarkeit begünstigen. In diesem Buch greifen wir den Gedanken Maslows auf, indem wir Meditationen, Imaginationen und Rituale vorschlagen, die in der Lage sind, die Dankbarkeit in unserem Leben zu verankern.

Dankbarkeit in der Theorie der Gefühle

Die amerikanische Psychologin Barbara Fredrickson hat eine Art Wachstumsmodell der positiven Gefühle entwickelt. Sie zeigt darin, dass positive Gefühle unser Verhaltensrepertoire vergrößern und unsere persönlichen Ressourcen weiterentwickeln. Vergleicht man positive mit negativen Gefühlen, so wird deutlich, dass negative Gefühle in uns die Bereitschaft wecken, auf eine begrenzte Art und Weise zu reagieren, z. B. durch Flucht oder Angriff. Diese Verhaltensweisen waren für unsere Vorfahren sinnvoll, denn in lebensgefährlichen Situationen kann es nützlich sein, schnell zurückzuschlagen oder wegzulaufen.

Ganz anders verhält es sich bei positiven Gefühlen. Sie treten selten in lebensgefährlichen Situationen auf. Meist erleben wir sie, wenn wir uns sicher und zufrieden fühlen. Sie haben eine anregende Wirkung auf unser Gehirn und bringen uns auf neue Gedanken. Wenn wir uns z. B. freuen, dann entsteht daraus oftmals der Wunsch zu spielen und kreativ zu sein. Eine solche positive Gefühlslage ist Stolz. Er entsteht nach einem persönlichen Erfolg. Wenn wir Stolz empfinden, so regt uns das an, darüber nachzudenken, wie wir in Zukunft noch weitere Erfolge erzielen können.

Zufriedenheit ist ein weiteres positives Gefühl. Wenn wir zufrieden sind, empfinden wir das Bedürfnis, unsere gegenwärtige Lebenssituation bewusst zu genießen und diese positiven Empfindungen in unsere Sicht des Lebens einzubauen.

Während also negative Gefühle darauf abzielen, eine akute Situation unmittelbar zu verändern, zielen positive Gefühle mehr auf die Zukunft. Sie helfen uns, unser Bild der Welt zu verändern und unser Verhaltensrepertoire zu erweitern. Die Auswirkungen der positiven Gefühle liegen demnach in Gegenwart und Zukunft.

Welche Bedeutung hat in diesem Zusammenhang die Dankbarkeit? – Dankbarkeit entsteht, wenn wir feststellen, dass eine andere Person oder eine höhere Macht etwas getan hat, was unserem Besten dient. Sie hat meist langfristige Auswirkungen. Im Laufe der Zeit verbessert die Dankbarkeit unsere sozialen Beziehungen, unsere Freundschaften und Arbeitsverhältnisse. Sie regt hilfsbereites und selbstloses Verhalten an und bewirkt dadurch auch eine größere soziale Zufriedenheit. Wer häufiger Dankbarkeit erlebt, fühlt sich geliebt und von anderen geschätzt. Dies bewirkt, dass wir in Zeiten der Not auf gute Beziehungen zurückgreifen können. Aber Dankbarkeit verbessert auch das soziale Klima in größeren Gemeinschaften. Sie stärkt Bürgersinn und Hilfsbereitschaft und die Bereitwilligkeit zu ehrenamtlicher und philanthropischer Tätigkeit. Darüber hinaus vertieft die Dankbarkeit unseren Sinn für Spiritualität und Religiosität. Außerdem stärkt Dankbarkeit unsere erotische Intelligenz und unsere Fähigkeit, in Liebe, Familie und Freundschaft Wertschätzung auszudrücken.

Dankbarkeit weckt in uns das Bedürfnis, das Gute, das wir bekommen haben, zurückzugeben. Dankbarkeit lässt uns hilfsbereit und freundlich handeln. Insofern sorgt dieses positive Gefühl für die Bindungskraft sozialer Gruppen, sie hält eine Gesellschaft zusammen, die durch individuellen Egoismus permanent gefährdet wäre.

Dankbarkeit als Tugend

In Moralphilosophie und Theologie wird Dankbarkeit zu den Tugenden gezählt. Tugenden gelten als Charakterzüge, die das menschliche Leben zur Blüte bringen können. Für Thomas von Aquin war Dankbarkeit eine Sekundärtugend, abgeleitet von der Primärtugend der Gerechtigkeit. Aus der Dankbarkeit erwächst seines Erachtens die Motivation zu altruistischem Verhalten.

Die moderne Moralphilosophie stellt fest, dass Dankbarkeit in unserer Kultur nicht die Rolle spielt, die ihr zukommt. Die starke Betonung persönlicher Freiheit und persönlichen Erfolges lässt sich nicht leicht mit der sozialen Geste der Dankbarkeit verbinden.

Undankbarkeit

Im Gegensatz zur Dankbarkeit ist Undankbarkeit die Unfähigkeit zu bemerken, was andere uns Gutes tun. Während Dankbarkeit die positiven Charakterzüge des Menschen zur Entfaltung bringt, bewirkt Undankbarkeit das Gegenteil. Aus klinischer Sicht können wir Undankbarkeit als Charakterschwäche betrachten. Der undankbare Mensch fühlt sich leicht zurückgewiesen und deprimiert, er reagiert schnell mit Ärger, Angst oder Schuldgefühlen. Insgesamt könnte man sagen, dass der undankbare Charakter unter all den Einschränkungen leidet, die eine narzisstische Persönlichkeit charakterisieren: Er ist arrogant und leidet unter einem unstillbaren Bedürfnis nach Bewunderung; er ist von chronischem Anspruchsdenken geprägt.

Narzisstische Persönlichkeiten glauben, besondere Rechte und Privilegien beanspruchen zu können. Sie sind kaum in der Lage, sich in andere hineinzuversetzen und zeigen weder Fürsorge noch Hilfsbereitschaft. Sie sind der Meinung, niemandem etwas schuldig zu sein. Es liegt auf der Hand, dass diese Persönlichkeiten in Gruppen Schwierigkeiten bereiten. Sie haben Angst vor Abhängigkeit und Intimität. Ihr oberstes Ziel ist emotionale Autarkie. Das hält sie davon ab, anderen Dankbarkeit zu zeigen. Sie glauben, dass nur emotionale Unverletzlichkeit sie davor bewahrt unterzugehen.

Die Auswirkung von Dankbarkeit auf Gruppen und Institutionen

Dankbarkeit ist nicht allein für den einzelnen Menschen eine Möglichkeit, glücklicher und erfüllter zu leben. Sie hat auch für die Gesellschaft als Ganzes eine Bedeutung, die meist unterschätzt wird. Als moralisches Gefühl sorgt sie dafür, dass die Bürger sich sozial verhalten, dass sie hilfsbereit handeln und auch das allgemeine Wohl im Auge haben. Ähnlich wie Empathie und Mitgefühl, wie Schuld und Schamgefühle hat Dankbarkeit einen besonderen Platz in unserem moralischen Leben. Wer dankbar ist, bemerkt, wenn er von einem anderen Menschen profitiert hat. Insofern funktioniert die Dankbarkeit als moralisches Barometer. Dieses Bewusstsein wirkt dann als moralischer Ansporn. Wir empfinden das Bedürfnis, uns auch selbst hilfsbereit zu verhalten und unsere fürsorglichen Emotionen auszudrücken. Die meisten Menschen haben die Tendenz, sich prosozial zu verhalten, aber Dankbarkeit verstärkt dieses Bedürfnis. Insofern trägt die Tatsache, dass wir Dankbarkeit empfinden, zum Zusammenhalt der Gesellschaft bei. Der Soziologe Georg Simmel nannte Dankbarkeit «das moralische Gedächtnis der Menschheit... Wenn alle Aktionen aus Dankbarkeit mit einem Male eliminiert würden, dann bräche die Gesellschaft zusammen.»

Die politischen Auswirkungen der Dankbarkeit wurden von dem englischen Ökonomen und Moralphilosophen Adam Smith untersucht. Auch Smith erkannte, dass Dankbarkeit uns motiviert, uns hilfsbereit und großzügig zu verhalten und das Gute zurückzugeben, was wir bekommen haben.

Dankbarkeit hat das soziale Klima einiger Kulturen beeinflusst, so z. B. in Vietnam. Die Vietnamesen betrachten sich als die Nutznießer der Wohltaten ihrer Vorfahren. Sie empfinden ihnen gegenüber eine innere Verpflichtung, die sich im Ahnenkult ausdrückt. In China hat Konfuzius die Dankbarkeit der Kinder gegenüber Vater und Mutter als Pfeiler der Alltagsethik gewürdigt.

Wie wird Dankbarkeit gelernt?

Unsere Hypothese lautet: Dankbarkeit sollte als wichtiges affektives Lernziel in Pädagogik und Psychotherapie anerkannt werden.

In unserer Kultur des exzessiven Materialismus gedeihen negative Gefühle wie Neid, Groll, Enttäuschung, Bitterkeit, Pessimismus und Dominanzstreben besonders gut. Alle diese unerfreulichen Gefühle entstehen weniger leicht, wenn wir dankbar sind. Der dankbare Mensch ist froh über das, was er hat und was er ist und er vergleicht sich nicht ständig mit denen, die mehr haben und denen es besser geht.

In den letzten Jahren wurden eine Reihe von therapeutischen Programmen entwickelt, die dazu beitragen können, dass wir leichter Dankbarkeit empfinden und die eigenen Gefühle in eine Balance bringen können. Dazu gehört auch das auf der kognitiven Verhaltenstherapie basierende Programm von Timothy Miller «How To Want What You Have» (Miller, Timothy: How to Want What You Have. Discovering the Magic and Grandeur of Ordinary Existence. New York, 1995). Weitere interessante Programme hat Robert Emmons, Professor für Positive Psychologie, entwickelt und der Psychologieprofessor David K. Reynolds, der es sich zur Aufgabe gemacht hat, die Grundgedanken des japanischen Naikan im Westen bekannt zu machen.

Auch dieses Buch ist ein Versuch, Interventionen zu skizzieren, die uns helfen können, mehr Dankbarkeit in unserem Leben auszudrücken.

Denn anders als unsere «automatischen» Gefühle wie Ärger oder Freude, muss Dankbarkeit gelernt werden. Dieses «moralische Gefühl» ist an unsere Fähigkeit gebunden, Empathie zu empfinden und die Motive anderer Menschen zu verstehen.

Große Beachtung hat das Gefühl der Dankbarkeit in der Positiven Psychologie gefunden. Dort gibt es kaum einen Forscher, der es versäumt hätte, sich mit diesem so wichtigen Gefühl auseinanderzusetzen.

Dankbarkeit und negative Lebensumstände

Skeptiker haben immer wieder geäußert, dass es verhältnismäßig leicht wäre, in einer Wohlstandsgesellschaft Gefühle der Dankbarkeit zu entwickeln. Aber kann man dasselbe Gefühl auch von Menschen erwarten, die in einer Krise stecken oder die von einem Schicksalsschlag getroffen wurden? Um eine Antwort auf diese Frage zu finden, müssen wir uns traumatischen Erlebnissen und ihrer Verarbeitung zuwenden.

Das Neue Testament fordert uns dazu auf, «dankbar zu sein unter allen Umständen» (1.Thess. 5,18). Die Traumaforschung belegt, dass diese biblische Aufforderung sinnvoll ist. Viele Menschen verspüren, nachdem sie eine persönliche Tragödie überwunden haben, ein Gefühl der Dankbarkeit. Schwere Erkrankungen führen bei den Betroffenen oft zu dem Empfinden, durch diesen Schicksalsschlag einen persönlichen Lernprozess zu erleben, der ihnen eine neue Einstellung zum Leben und zu ihren Mitmenschen ermöglicht. Sie erkennen den indirekten Segen ihrer Tragödie, die aus ihnen einen neuen Menschen gemacht hat.

Es scheint, dass Dankbarkeit leichter auf dem Hintergrund von Entbehrungen und Leid entsteht. Besonders, wenn wir in einer Zeit persönlicher Belastung leben, können wir die wohltätigen Auswirkungen einer dankbaren Lebenseinstellung genießen.

Dankbarkeit bewirkt die Öffnung zum Leben. Unsere Wahrnehmung wird genauer und unsere Verhaltensweisen werden flexibler. Wir entdecken vieles, was wir vorher übersehen haben und erblicken im Alltäglichen das Wunder des Besonderen. Dankbarkeit zeigt uns, wie schön die Welt ist, wenn wir sie mit den Augen des staunenden Kindes betrachten.

Die Wurzeln der Dankbarkeit

Dankbarkeit ist eines der wichtigsten Erziehungsziele. Am besten lernen Kinder diese Haltung, wenn sie erleben, wie die Eltern selbst im Alltag Gefühle der Dankbarkeit zum Ausdruck bringen.

Während wir schon sehr früh in der Lage sind, Ärger auszudrücken, entsteht Dankbarkeit nicht von selbst. In Märchen und Erzählungen in Kinderbüchern und Jugendromanen wird daher immer wieder für eine Haltung der Dankbarkeit geworben.

Aus der Entwicklungspsychologie wissen wir, dass das Verständnis für Dankbarkeit langsam wächst und im Alter von drei bis vier Jahren zum ersten Mal empfunden werden kann. Doch erst zwischen sieben und zehn Jahren entwickelt sich unser Bedürfnis, Gutes zurückzugeben und selbst helfend zu handeln. Hier liegt eine wichtige Entwicklungsaufgabe auch für Kindergärten, Betreuungseinrichtungen und Schulen. Es ist entscheidend, dass unsere Kinder nicht nur lernen, privat ihre Dankbarkeit auszudrücken, sondern dass sie auch die soziale Bedeutung dieser Haltung verstehen lernen. Der Sozialphilosoph Oskar Negt hat sich erst kürzlich wieder zur politischen Bewusstseinsbildung geäußert (Der politische Mensch. Demokratie als Lebensform, 2010). Oskar Negt weist darauf hin, dass wir in einer Phase des Umbruchs leben, in der ein Gefühl der Ratlosigkeit vorherrscht. Die Probleme der Arbeitswelt spitzen sich krisenhaft zu, sodass der emotionale Zusammenhalt des Gemeinwesens nicht mehr gesichert scheint. Negt kritisiert die Pragmatiker, die darauf verzichten, Modelle einer besseren Welt zu entwickeln, in der es mehr Gerechtigkeit, Solidarität und Chancengleichheit gibt. Negt weist darauf hin, dass die Zivilgesellschaft nur dann funktionieren kann, wenn sich jeder verantwortlich fühlt, als hinge von seinem Handeln oder Nichthandeln das Schicksal der Welt ab. Der Philosoph fordert eine Intensivierung der politischen Bildung. Er weist darauf hin, dass Demokratie ein Leben lang eingeübt werden muss.

Lebendige politische Bildung ist jedoch auch daran gebunden, dass die Individuen lernen, Dankbarkeit zu empfinden und auszudrücken. Nur dann werden Hilfsbereitschaft und Verantwortungsgefühl als Chance erlebt, mit anderen im Gemeinwesen friedlich zu koexistieren.

Dankbarkeit gehört zu jenen Gefühlen, die in der Lage sind, dem Leben einen Sinn zu geben. Sie hilft uns, unser Leben als Geschenk zu betrachten, das so kostbar ist, dass wir es gegen jede Bedrohung verteidigen wollen.

Dankbarkeit und positive Emotionen

Welche praktische Bedeutung hat es für unser Leben, wenn wir Dankbarkeit empfinden? Eine Antwort lautet: Dankbarkeit erzeugt ein angenehmes, ausgeglichenes Gefühl und sie schützt uns vor negativen Empfindungen wie z.B. vor chronischem Ärger, Neid und unproduktiver Reue. Viele Untersuchungen deuten jedoch darauf hin, dass Dankbarkeit – über diese momentane, positive Wirkung hinaus – einen wesentlichen Beitrag zu unserer persönlichen Entwicklung leistet. Sie trägt dazu bei, dass unser moralisches Verhalten anspruchsvoller und konsequenter wird. Sie bewirkt, dass wir uns für die Gemeinschaft einsetzen, und sie stärkt unsere Gesundheit und unser Wohlbefinden. Darüber hinaus verbessert sie unsere Institutionen und die Gesellschaft als Ganzes. Als Emotion hat Dankbarkeit eine gewisse Vergänglichkeit, darum müssen wir sie mit geeigneten Mitteln immer neu erzeugen. Aber Dankbarkeit bewirkt nicht nur eine flüchtige Stimmung, sondern sie sorgt dafür, dass gewisse Tendenzen in unserem Verhalten entstehen: Wir werden z.B. hilfsbereiter und fangen an, uns für die Erlebnisperspektive anderer Menschen zu interessieren.

Die amerikanische Psychologin Barbara Fredrickson schreibt der Dankbarkeit und anderen positiven Emotionen einen wichtigen Effekt zu: Das Repertoire unserer Gedanken und unserer Handlungen wird differenzierter und vielfältiger. So wird z.B. aus Stolz etwas Stabileres, nämlich Selbstachtung und Erfolgsmotivation. Diese Emotionen überdauern das flüchtige Gefühl, das zu Anfang erlebt wurde. Insofern tragen die positiven Emotionen auch zu unserem evolutionären Erfolg bei. Unsere Vorfahren, die über Selbstachtung und Lernmotivation verfügten, hatten einen wichtigen Vorteil: Sie handelten besonnen, pflegten positive Beziehungen zu anderen Stammesmitgliedern. Dadurch lebten sie länger und hatten mehr Nachkommen.

Dankbarkeit bildet Ressourcen

Dankbarkeit entsteht, wenn uns klar wird, dass eine andere Person oder höhere Macht etwas getan hat, was uns zum Vorteil gereicht. Dann empfinden wir Dankbarkeit – wir fühlen uns gut aufgehoben, umsorgt, behütet und unterstützt. Dieses Erlebnis weckt unsere Bereitschaft, uns ebenfalls positiv zu engagieren.

Dankbarkeit mobilisiert unseren guten Willen, unsere Bereitschaft, aktiv daran mitzuwirken, dass es in dieser Welt freundlicher und liebevoller zugeht. Insofern trägt Dankbarkeit auch dazu bei, dass sich das soziale Klima verbessert, dass der einzelne Dinge tut, zu denen er nicht verpflichtet ist.

In fast allen religiösen Traditionen spielt Dankbarkeit eine herausragende Rolle. Sie trägt dazu bei, dass sich menschliche Beziehungen verbessern. Freundschaften, familiäre Beziehungen, das Leben in der Gemeinde werden durch sie gestärkt. Dankbarkeit verbessert auch die menschliche Liebesfähigkeit, die Bereitschaft zur Hingabe, die Bereitschaft, im Interesse eines anderen zu verzichten und die Bereitschaft, sich am Glück eines anderen zu erfreuen.

Man kann Dankbarkeit als eine Art Resonanzboden für altruistisches Verhalten, für Mitgefühl und Einfühlungsvermögen bezeichnen. Sie hilft uns, zeitweilig von unseren eigenen Interessen und Empfindlichkeiten abzusehen. Sie bildet das Fundament für unsere seelische und erotische Kultur.

Dankbarkeit und Persönlichkeitsentwicklung

Dankbarkeit und andere positive Emotionen spielen eine wichtige Rolle für den Einzelnen. Wir erwarten heute von jedem, dass er sich als Persönlichkeit entwickelt und bereit ist, ein Leben lang zu lernen. Wir erwarten andererseits, dass der Einzelne sich in eine Gruppe einfügen kann, dass er teamfähig und in der Lage ist, Führungsverantwortung zu übernehmen.

Wenn wir kreativ sein möchten, widerstandsfähig, sozial integriert und weise, benötigen wir dazu eine innere Bereitschaft, ein gewisses emotionales Kapital. Wir müssen deshalb dafür sorgen, dass wir nicht stagnieren und dass wir genug Lebensfreude empfinden, um uns immer weiter entwickeln zu können. Damit uns das möglich wird, müssen wir es vermeiden, allzu lange in der Sphäre negativer Emotionen zu verharren. Denn diese reduzieren unsere Kontaktbereitschaft und belasten uns mit pessimistischen Erwartungen.

Positive Emotionen sind der Stoff, aus dem eine erfreuliche Persönlichkeit entsteht. Sie neutralisieren negative Erfahrungen, lassen emotionale Wunden heilen und sie erneuern unsere Kontaktfähigkeit.

Ein wichtiger Aspekt ist außerdem, dass unser Organismus unseren

Gefühlen folgt: Positive Gefühle sorgen für einen gleichmäßigen Atemrhythmus, für regelmäßigen Herzschlag und für ausgeglichenen Blutdruck. Menschen mit der Fähigkeit zur emotionalen Selbstregulierung sind schneller in der Lage, auch in Stresssituationen ihren aufgeregten Körper wieder zur Ruhe zu bringen. Sie sorgen dafür, dass sie wieder in eine Gefühlssituation kommen, die ihnen Optimismus und Hoffnung schenkt. Wir bezeichnen solche Menschen auch gern als Stehaufmännchen, als Sonntagskinder oder als Lebenskünstler. Sie haben die Fähigkeit, sich schnell von Krisen und Verletzungen zu erholen und ein positives Bild ihrer Zukunft zu entwerfen.

Besonders wirksam für unsere emotionale Regeneration ist das Erlebnis von Dankbarkeit und die damit verbundenen Lernprozesse. Im Laufe der Zeit bildet sich dadurch eine Reserve an positiven Erfahrungen, die dafür sorgt, dass negative Gefühle nicht von langer Dauer sind. Lebensfreude, emotionale Nähe, Genussfähigkeit, Altruismus, Großzügigkeit und Bereitschaft zu Versöhnung nehmen so viel Raum ein, dass unser Leben eine gute Balance findet zwischen der Sorge für uns selbst und der Bereitschaft, uns für andere einzusetzen. Diese Balance wird von vielen auch als Glück bezeichnet.

Verzeihen und um Vergebung bitten

Der japanische Philosoph Yoshimoto weist darauf hin, dass sozialer Friede, Liebe und Freundschaft noch von einer weiteren Charakterstärke abhängig sind, nämlich von unserer Bereitschaft, eigene Fehler und Versäumnisse einzugestehen, uns zu entschuldigen und Wiedergutmachung zu leisten. In Kapitel 4 gehen wir ausführlich auf Yoshimotos Methode der Selbsterforschung (Japanisch: Naikan) ein.

Schon kleine Kinder freuen sich, wenn sie etwas richtig machen. Sie genießen es, im Recht zu sein, etwas zu wissen oder zu beherrschen. Ältere Kinder sind glücklich, wenn sie in einer schwierigen Frage die moralisch angemessene Position vertreten haben.

Wir alle streben danach, Fehler zu vermeiden. Auf diese Weise beugen wir Verletzungen und Unfällen vor und unser Leben wird sicherer. Korrektes Handeln stärkt unser Ego und sichert unser Überleben. Gleichwohl müssen wir lernen, dass wir auch ab und zu irren und Unrecht haben. Denn vor allem durch unsere Fehler und Irrtümer lernen wir und verändern uns. Hinzu kommt, dass uns unsere Unvollkommenheiten liebenswert machen. «Fehlerfreie» Menschen strahlen Unnahbarkeit aus. Wichtig ist allerdings, dass wir für jene Fehler die Verantwortung übernehmen, mit denen wir andere Menschen verletzt haben. Wenn uns das bewusst ist, sollten wir uns entschuldigen und um Vergebung bitten. Das ist die wirksamste Möglichkeit, einen Konflikt beizulegen.

Die Fähigkeit, Bedauern zu empfinden und von Herzen um Entschuldigung zu bitten, hilft Spannungen zu lösen und Vertrauen aufzubauen, die Grundlage für gute Kooperation.

Wer eigene Fehler einräumt, der ist in der Regel auch bereit, anderen zu vergeben. In beiden Haltungen zeigt sich eine gewisse Bescheidenheit und die Bereitschaft, den Kopf zu senken und Demut zu signalisieren. Bedauern ist ein ähnlich wichtiges moralisches Gefühl wie die Dankbarkeit. Beide verhindern Machtkämpfe, Intrigen, Verrat und Treulosigkeit. Sie sind ein Barometer für unsere Bereitschaft, gute Beziehungen mehr zu schätzen als persönliche Dominanz.

Dankbarkeit ausdrücken

Wenn wir uns vornehmen, Dankbarkeit in unsere Lebenspraxis aufzunehmen, müssen wir Folgendes bedenken: Neue Einstellungen und Verhaltensweisen brauchen einen längeren Zeitraum, um sicher verankert zu werden. Selbstdisziplin und ein fester Wille allein können uns nicht dankbarer machen. Einmalige Entschlüsse bleiben oft folgenlos, was die Wirkungslosigkeit der meisten guten Vorsätze zum Neuen Jahr zeigt. Religionen und philosophische Schulen, aber auch die Volksbräuche haben einen wirksamen Weg gefunden, unser Verhalten zu prägen und wichtige Werte sicher zu integrieren. Zu diesem Zweck haben sie ein großes Spektrum an Ritualen entwickelt.

Rituale sind eine ideale soziale Erfindung, die unsere Werte, unsere Charakterstärken und Verhaltensweisen steuern können. Die ersten Schritte sind manchmal schwierig, aber die Kultivierung eines Rituals ist verhältnismäßig einfach. Unser Alltag ist ohnehin von Ritualen geprägt. Wir haben uns an gewisse Hygienerituale gewöhnt; wir beachten die Rituale des Essens; wenn wir zur Arbeit fahren, befolgen wir die Rituale des Straßenverkehrs.

Wenn wir unsere Alltagsrituale jedoch genauer unter die Lupe nehmen, werden wir feststellen, dass ihre Ziele verhältnismäßig oberflächlich sind. Es dreht sich alles um Gesundheit, Sicherheit, Ordnung, Konfliktvermeidung usw. Wir haben wenig Rituale, die das Ziel haben, uns glücklicher zu machen, uns Bescheidenheit zu lehren, den Sinn unseres Lebens zu finden oder hilfsbereiter zu werden. Es fehlt uns auch an Ritualen, die uns kreativer machen, belastbarer und zu besseren Lehrern, Ärzten, Psychotherapeuten oder Führungskräften. Gerade solche komplexen Lernziele erfordern differenzierte Rituale. Manche Menschen scheuen davor zurück, ihre Dankbarkeit zu zeigen, weil sie eine Einschränkung ihrer Autonomie befürchten. Tatsächlich gehört Disziplin zu den Grundlagen aller Rituale. Nur wenn wir eine gewisse Selbstdisziplin pflegen, ist gewährleistet, dass wir ein Verhalten mit einer gewissen Zuverlässigkeit wiederholen können. Aristoteles hat diesen Zusammenhang beschrieben: «Wir sind, was wir wiederholt tun.» Kompetenz liegt daher nicht in der einzelnen Aktion, sondern in der Wiederholung.

Paradoxerweise ist es gerade die Routine des Rituals, die es uns ermöglicht, kreativ und spontan zu handeln. Kreative Persönlichkeiten wissen das: Artisten, Sänger, Schauspieler, bildende Künstler, Wissenschaftler. Das Ritual entlastet unser Gehirn. Wir haben den Kopf frei für kreative Entscheidungen. Und vor allem kann es ganz wesentlich zu unserem Wohlbefinden und zu einem sinnvollen Leben beitragen.

Wenn wir also lernen wollen, eine Charakterstärke wie Dankbarkeit in unserem Gehirn zu verankern, dann können wir uns dabei von Ritualen unterstützen lassen, die im Laufe der Zeit und besonders seit dem Aufkommen der positiven Psychologie entwickelt wurden.

Ich stelle in den ersten drei Kapiteln ein breites Spektrum an Ritualen vor. Rituale, die Sie täglich durchführen können und solche, die in größeren Abständen wiederholt werden sollten. Eine gewisse Gefahr besteht darin, dass ein Ritual mit der Zeit langweilig wird und uns nicht mehr inspiriert. Darum ist es wichtig, dass das Ritual eine Struktur hat, die es seine magische Kraft behalten lässt. Nur so ist es in der Lage, auf Dauer unsere geistige und emotionale Lebendigkeit zu unterstützen.

Die Segnungen der Dankbarkeit

Wenn wir dankbar sind, ärgern wir uns seltener, sind weniger nachtragend und eher bereit zu vergeben. Fremder Ärger macht uns nicht so leicht defensiv. Wir bemühen uns stattdessen, die Motive der ärgerlichen Person zu verstehen, und suchen nach Wegen, wie wir die Beziehung wieder harmonisch gestalten können. Dankbarkeit verbindet uns mit anderen und veranlasst uns, uns freundlich und herzlich zu verhalten. Dagegen wirken Ärger und Groll trennend. Sie isolieren uns und führen dazu, dass wir noch mehr Fehler beim Anderen suchen.

Wer die Haltung der Dankbarkeit verinnerlicht, der sieht vor allem das Positive und die guten Absichten bei seinen Interaktionspartnern und ist bereit, sich von ihnen unterstützen zu lassen. Natürlich bedeutet das auch eine gewisse Verpflichtung, aber wenn wir dankbar sind, dann stört uns diese Verpflichtung nicht.

Dagegen achtet die ärgerliche Persönlichkeit vor allem darauf, was gegen sie gerichtet sein könnte. Sie versucht, sich gegen Angriffe zu wappnen, gegen Treulosigkeit, Unzuverlässigkeit, Kritik und Skepsis. Der ärgerliche Charakter merkt sich alle Verfehlungen und notiert sie in seinem Gedächtnis, um bei passender Gelegenheit Anklage zu erheben. Nörgelei und Vorwürfe prägen die Kommunikation eines ärgerlichen Menschen. Um dankbar sein zu können, brauchen wir die Bereitschaft zur Demut und zur Vergebung. Dankbarkeit und Groll schließen einander weitgehend aus. Wer bereit ist, die guten Dinge zu bemerken, die ihm von anderen Menschen erwiesen werden, der ist auch offen dafür, die wohlwollenden Motive der anderen zu erkennen und sich für Gutes erkenntlich zu zeigen.

1 Rituale für den Morgen

Die folgenden Rituale eignen sich für den Beginn des Tages, wenn wir gerade erwacht sind. Dies ist für viele von uns ein kritischer Zeitpunkt, der darüber entscheidet, mit welchen Gefühlen wir durch den Tag gehen. Am Morgen sind die meisten von uns empfindlich: Wir brauchen Ruhe, um uns von der Sphäre der Träume auf die Anforderungen des Alltags umzustellen. Gute Rituale helfen uns, mit Optimismus und positiven Gefühlen in den Tag hineinzugehen. Sie geben uns Zuversicht und sorgen für eine achtsame Haltung. Auf diese Weise bereiten sie uns auf den Tag vor.

Den Tag grüßen

Dies ist das einfachste Dankbarkeitsritual der Welt und gleichzeitig ein Glücksritual, das Körper und Seele anspricht.

Stell dich aufrecht hin und zwar so, dass du nach Möglichkeit die Sonne sehen kannst. Erhebe deine Arme und strecke sie mit den Handflächen nach außen der Sonne entgegen.

Atme ein Mal langsam aus und begrüße den neuen Tag mit der folgenden rituellen Erklärung:

- Ich freue mich, dass ich lebendig bin.
- Ich freue mich, dass ich diesen neuen Tag begrüßen darf.
- Ich bin dankbar für meinen Körper.
- Ich bin dankbar für das Geschenk des Lebens.
- Ich bin zufrieden und dankbar für alles, was mir geschenkt wurde...
- Ich bin dankbar für diesen kostbaren Augenblick.

Der Erde danken

Bei diesem Ritual bleiben wir im Bett liegen und erleben dabei ganz bewusst den Kontakt mit der Unterlage, mit dem Kissen usw.

Wir können auf dem Rücken liegen, auf dem Bauch oder auf der Seite. Entscheidend ist, dass wir unsere horizontale Position am Ende der Nacht noch einmal ganz bewusst genießen. Denn nur liegend können wir uns vollkommen entspannen und uns ohne jede eigene Anstrengung halten lassen.

Wenn du den magischen Kontakt zum Untergrund hergestellt hast, dann sprich mit leiser Stimme die folgenden Worte:

- Ich danke dir, Erde, dass du mich trägst.
- Bitte halte mich auch heute.
- Schenke mir Sicherheit.
- Ich danke dir, Erde, dass du immer da bist für mich und für alle Menschen, die auf dir leben – für alle Lebewesen und Dinge...

Auf den Körper hören

Für die meisten Menschen ist es ratsam, in kleinen Schritten wach zu werden. Es tut ihnen gut, wenn sie ihrem Körper und ihren Gefühlen genügend Zeit lassen, sich auf den neuen Tag einzustellen.

Dieses Ritual fördert eine hilfsbereite, dankbare Einstellung zum Körper. Im Laufe des Tages bekommt unser Körper fast immer zu wenig Aufmerksamkeit. Wir hören oft nicht, welche Anregungen und Bedürfnisse unser Körper uns mitzuteilen hat.

Hier haben wir die Chance, unseren Körper vorausschauend gut zu behandeln.

Schließe im Stehen, Sitzen oder Liegen noch einmal die Augen und schenke dir drei besondere Atemzüge: Atme langsam, sehr langsam aus und spüre, wie sich dein Körper darüber freut...

Wandere nun mit deiner Achtsamkeit durch deinen Körper und finde all die Stellen, die sich vielleicht noch müde, angespannt oder irgendwie unbehaglich fühlen. Versuche nicht, irgendetwas daran zu ändern. Bemerke einfach, was in den verschiedenen Regionen deines Körpers geschieht. Unbehagen ist eine wichtige Botschaft unseres Körpers, die wir leicht überhören.

Frage nun die Teile deines Körpers, die sich unbehaglich fühlen, was sie von dir brauchen...

Achte darauf, was nun geschieht. Vielleicht bekommt dein Kopf eine Antwort in Worten... Vielleicht bekommt dein Herz eine Botschaft in Form eines Gefühls oder du siehst es als Bild vor dir, was dein Körper möchte... Vielleicht bemerkst du auch das Verlangen nach einem Glas Wasser, Appetit auf ein bestimmtes Obst oder du hast das Bedürfnis, ein bestimmtes Gefühl auszudrücken, zu lachen oder zu weinen...

Wenn du die Bedürfnisse deines Körpers registriert hast, dann schick beim Ausatmen Wärme und Zuneigung an die betreffende Stelle und versprich deinem Körper, dass du dich darum kümmern wirst.

Und ehe du dich erhebst, sende deinem ganzen Körper eine Dankesbotschaft:

- Ich danke dir, dass du dich meldest, wenn ich dich vergesse oder überfordere...
- Ich weiß, dass ich viel von dir lernen kann...
- Ich danke dir, dass du Tag und Nacht mein Leben hütest...

Drei Seufzer

Jeden Tag dürfen wir das Wunder des Atmens genießen. Bewusstes, tiefes Atmen kann uns ein körperliches Glücksgefühl und zugleich das Empfinden von gelassener Stärke spenden. Es ist daher sehr hilfreich, wenn wir den Tag mit einer einfachen Atemübung beginnen.

Such dir eine angenehme Position im Liegen, Sitzen oder Stehen.

Und nun atme ein Mal langsam durch den Mund aus und begleite das Ausatmen mit einen langen Seufzer.

Lass alle Luft aus dir hinausströmen und deine Bauchdecke ganz weich werden.

Mach nach dem Seufzer eine kleine Pause, ehe du wieder einatmest, und in diese Pause hinein flüstere bitte das magische Wort «Danke»...

Wiederhole das noch zwei Mal...

Bemerke, dass jeder Atemzug ein wenig länger ist, als der vorangehende...

Im Allgemeinen sind drei Seufzer genug, um dir ein gutes Gefühl zu geben. Du hast dir damit bestätigt, dass du Pausen machen darfst, dass du dir die Zeit dafür nehmen kannst und dass du die Fähigkeit hast, glückliche Augenblicke zu genießen.

Der Rhythmus deines Atems hilft dir, die Stimme deines Herzens zu hören.

Der Blick in den Spiegel

Wir leben in einer Leistungsgesellschaft und dementsprechend neigen viele von uns dazu, sich selbst kritisch zu sehen und andere von oben herab zu beurteilen. Selten sehen wir uns so, wie wir sind: oft liebenswert, oft unvollkommen.
Dieses Ritual kann dir helfen, eine neue Haltung dir selbst gegenüber einzunehmen: freundlich, nicht urteilend und dankbar.

Stell dich vor einen Spiegel, wo du bequem stehen und dein Spiegelbild in Ruhe betrachten kannst. Schließ jetzt die Augen.

Atme drei Mal langsam aus.

Bekräftige im Stillen deine Absicht mit den Worten: «Möge dieses Ritual mir Selbsterkenntnis und Weisheit schenken...»

Öffne jetzt deine Augen und schau dich im Spiegel an.

Betrachte dich ohne jedes Urteil, ohne irgendeinen inneren Kommentar. Konzentriere dich vollkommen auf dein Spiegelbild.

Denk daran, dass dein Gesicht ein Teil deines Körpers ist und dass es ganz wesentlich dazu beiträgt, dass du selbstständig und glücklich leben kannst.

Und nun schau ein wenig in die Tiefe.

Lass Freundlichkeit und Mitgefühl in dir aufsteigen und bemerke deine Gefühle: Ängste, Hoffnungen und Träume.

Betrachte weiterhin dein Spiegelbild.

Bemerke tief in dir deine Quellen der Inspiration.

Bemerke deine Fähigkeit, die Schönheiten des Lebens zu sehen, seine Geheimnisse und Überraschungen.

Spüre, dass dein ganzer Körper die Fähigkeit hat, Dankbarkeit zu empfinden für alles, was dir vom Leben geschenkt wurde.

Und wenn du dazu bereit bist, dann atme jetzt noch ein Mal langsam aus und geh dann mit kleinen Schritten in deinen Tag hinein.

Danke!

Dieses Ritual ist einfach und trotzdem tiefgehend. Mancher wird es vielleicht als schwierig empfinden. Es lädt uns dazu ein, das Gefühl der Dankbarkeit zu spüren wie ein Kind. Wir sollten es mit kindlicher Offenheit tun, denn indem wir dankbar sind, erkennen wir an, dass wir etwas bekommen haben, worauf wir keinen Anspruch haben, was wir also mit Bescheidenheit entgegennehmen müssen.

Nimm eine bequeme Haltung ein im Stehen, Sitzen oder Liegen. Schließ die Augen. Atme ein Mal langsam aus und drücke deine Absicht mit den Worten aus: «Ich wünsche mir, dass dieses Ritual zu meiner Freude am Leben beiträgt...»

Öffne nun die Augen und schau dich um. Lass deinen Blick ganz langsam herumwandern und hier und da verweilen. Und wenn deine Augen irgendwo verweilen, sag im Stillen einfach: Danke!

Verzichte darauf, eine Begründung oder eine Erklärung zu finden.

Schau den Stuhl an und sprich leise: Danke!

Schau das Glas Wasser an und sage leise: Danke!

Schau deinen Laptop an und flüstere: Danke!

Mach das langsam und spielerisch, wie ein Kind, das mit einem gewissen Staunen die Dinge betrachtet.

Verzichte auf Interpretationen und all die Gedanken, mit denen wir sonst die Dinge verknüpfen.

Sprich einfach jedes Mal leise: Danke!

Und wenn du das ein bis zwei Minuten getan hast, dann bemerke, wie du dich dabei öffnest und ausdehnst.

Dankbarkeit lässt uns wachsen.

Eine Prise Bewunderung

Manchmal haben wir das Bedürfnis, im Wachwerden Kontakt zu den Menschen in unserem Leben aufzunehmen. Das ist nicht verwunderlich, denn zu unserem Glück benötigen wir immer das Gegenüber. Manchmal in der Phantasie, manchmal in der Realität.

Dieses Ritual schenkt dir fünf Minuten wertvollen Kontakt. Es hilft dir, aus deinen Erinnerungen Baumaterial für deine Zukunft zu gewinnen.

Während du ruhig in deinem Bett liegen bleibst, kannst du ein Mal langsam ausatmen und dann mit deiner Aufmerksamkeit in die Räume der Erinnerung zurückkehren.

Vielleicht möchtest du deine Augen schließen und Bilder der Menschen betrachten, die in deinem Leben besonders wichtig waren, die dich inspirierten, von denen du wertvolle Anregungen bekommen hast.

Während du zurückschaust, möchtest du vielleicht anerkennen, wie gesegnet dein Leben bisher war.

Dein Leben ist ein Geschenk und auch die Menschen, mit denen du zu tun hattest, sind Gaben des Lebens.

Immer wieder sind Menschen dir gegenüber großzügig gewesen und haben den Kurs deines Lebens positiv beeinflusst.

Stell dir nun folgende Fragen:

- Wen bewunderst du?
- Welche Charakterstärken und Qualitäten bewunderst du an diesen Menschen?
- Was war die beste Lektion, die du von ihnen gelernt hast?
- Was war die beste Empfehlung, die du bekommen hast?
- Wie könntest du selbst diese Qualitäten entwickeln, die du bei anderen vor allem schätzt?

Und jedes Mal, wenn das Bild einer Person vor dir auftaucht, danke ihr für alles, was du von ihr bekommen hast.

Lass dir ein paar Minuten Zeit, um aus diesen Erinnerungen Kraft zu schöpfen für den Tag, der vor dir liegt.

Komplimente

Die positiven Gefühle, die wir anderen entgegenbringen, kommen auf irgendeine Weise zu uns zurück. Viele beklagen sich über einen Mangel an Liebe. Um dies zu ändern, müssen wir zunächst selbst lernen, andere zu lieben.

Wenn es uns gelingt, Lebenslust und positive Gefühle in anderen Menschen zu wecken, dann hat das magische Konsequenzen. Wir fühlen uns dann selbst gut und zufrieden. Deshalb sind die hier vorgesehenen fünf Minuten am Morgen eine gute Investition. Wir können damit unsere Beziehung zu einem geliebten Menschen noch schöner machen.

In diesem Ritual nehmen wir uns vor, unseren Partner, einen Freund oder jemanden aus unserer Kindheitsfamilie mit virtuellen Komplimenten zu überschütten. Manche Menschen sind in dieser Hinsicht geizig. Sie befürchten, wenn sie ihrer Liebe freigiebig Ausdruck geben, am Ende mit leeren Händen dazustehen. Doch das Gegenteil ist wahr: Wer Liebe zurückhält, verliert sein Liebeskapital.

Entscheide dich für irgendeinen Menschen, den du mit deiner Liebe und Wertschätzung verwöhnen möchtest. In vollkommener Sicherheit kannst du nun testen, wie gut es dir bekommt, wenn du deine Wertschätzung großzügig ausdrückst.

Sieh das Bild dieses geliebten oder geschätzten Menschen vor dir und erfreue die Person mit einer geflüsterten Liebesliste:

- Du bist der großzügigste Mensch, den ich kenne.
- Du hast ein bezauberndes Lächeln. Mir wird ganz warm dabei.
- Dein Optimismus wirkt ansteckend auf mich.
- Deine Freundschaft bedeutet mir viel.
- Ich bin jeden Tag von Neuem dankbar, dass du ein Teil meines Lebens bist.
- Ich danke dir, dass du nicht versuchst, mich zu ändern.

Lass dir so viele Vorzüge wie möglich einfallen.

Zum Schluss kannst du dem Betreffenden einen guten Tag wünschen und dann zu dir selbst zurückkehren, um festzustellen, wie du dich jetzt fühlst.

Rezept gegen Einsamkeit

Das Gefühl von Einsamkeit kann uns lähmen und unsere Lebensfreude trüben. Die meisten von uns kennen diese emotionalen Störungen, ganz gleich, ob sie als Single oder mit einem Partner leben, Kinder haben oder kinderlos sind. Niemand ist gegen Gefühle der Isolation gefeit. Dennoch ist es wichtig, dass wir dieses bedrückende Gefühl durch geeignete Maßnahmen in Schach halten.

Wir können uns sicher sein, dass überall auf diesem Planeten Männer und Frauen leben, die dieselbe Sehnsucht nach emotionaler Verbindung und sozialen Kontakten spüren.

Lass dich von diesem Ritual an jenen Tagen trösten, wo du mit einem Gefühl von Einsamkeit und bittersüßer Sehnsucht aufwachst.

Die meisten Menschen genießen dieses Ritual besonders, wenn sie dabei im Bett liegen bleiben.

Nimm dir einen Moment Zeit, an eine Phase in deinem Leben zu denken, in der du dich noch einsamer gefühlt hast als heute Morgen.

Jetzt stell dir vor, dass sich in deinem Schlafzimmer ein «Kreis der Freunde» bildet. Ein enger Freund kommt zum Zimmer herein und setzt sich neben dich. Vielleicht berührt er dich sanft an der Schulter und zeigt dir, dass er deinen Wunsch nach Nähe versteht.

Immer mehr Menschen kommen zu dir, um dir die Gewissheit zu geben, dass du nicht allein bist. Sie kennen selbst das Gefühl der Einsamkeit und Isolation und können dir deshalb ihre Solidarität taktvoll zeigen.

Lass dir Zeit, diese Freundesgruppe zu genießen.

Bemerke die positiven Gefühle so lange, bis du sicher bist, dass es für diesen Morgen reicht. Du kannst diese Menschen immer dann zu dir rufen, wenn du Unterstützung und Nähe brauchst.

Und nun bedanke dich bei allen, die gekommen sind, für ihre Treue und ihr Mitgefühl.

Sich selbst Anerkennung schenken

Manche Menschen sind sich selbst gegenüber allzu streng. Sie können zwar anerkennen, was andere schaffen, aber ihre eigenen Anstrengungen würdigen sie zu selten und zu wenig.

Du kannst dir in den Minuten des Erwachens einen kleinen Vorrat an Wertschätzung anlegen, von dem du im Laufe des Tages zehren kannst.

Es gibt viele Dinge, die du jeden Tag erledigst. Aber meist geschieht das, ohne dass du dir selbst dafür dankst. Jetzt hast du die Chance, großzügig zu dir selbst zu sein.

Wähle eine Position aus, die dir zusagt, im Liegen, Sitzen oder im Stehen. Beginne gleich im Geist eine Liste mit deinen Charakterstärken und deinen guten Taten vom Vortag anzulegen.

- Würdige zunächst deine Freude am Lernen und deine Offenheit für neue Ideen und Lebensbereiche.
- Würdige deinen Mut, Fehler zu riskieren, um später aus ihnen zu lernen.
- Würdige nicht zuletzt deine Widerstandskraft, mit der du Krisen und Fehlschläge überwindest.

Und nun denke an fünf Dinge, die du gestern für andere getan hast, wie du jemandem Beistand geleistet hast. Und danke dir für diese altruistische Aktion.

Deine mentale Liste könnte so aussehen:

- Ich danke mir selbst, dass ich mich am Hausputz beteiligt habe...
- Ich danke mir selbst, dass ich meinen alten Vater besucht habe...
- Ich danke mir selbst, dass ich meine Freundin im Krankenhaus angerufen habe...
- Ich danke mir selbst, dass ich einen Kuchen für den Nachbarjungen gebacken habe...
- Ich danke mir selbst, dass ich meinem alten Lehrer einen Dankesbrief geschrieben habe...

Wenn du dir solche Aktionen vergegenwärtigst, dann bekommt deine Hilfsbereitschaft den Charakter des Natürlichen und es wird dir in Zukunft leichter fallen, dein Liebespotenzial zu nutzen.

2 Rituale für den Abend

Wir erholen uns in der Nacht besser, wenn wir den Tag vor dem Einschlafen emotional abschließen. Dazu gehört, dass wir eine lockere Inventur unserer Erlebnisse und Aktionen vornehmen und uns bewusst machen, was wir Positives bewirkt haben und wofür wir dankbar sein können.

Wenn wir auf diese Weise Bilanz ziehen, dann können unsere Träume leichter dort weitermachen, wo unser Bewusstsein aufhört. Unsere Träume fügen dem Tag und unserem bewussten Verständnis noch eine neue Dimension hinzu.

Wenn wir mit einer positiven Stimmung zur Ruhe gehen, signalisieren wir unserem Unbewussten, dass wir an seiner Meinung und an kreativen Kommentaren interessiert sind.

Abschied vom Tag

Wenn wir am Ende des Tages im Bett liegen und auf den Schlaf warten, dann ist es gut, wenn wir unsere Aufmerksamkeit unserem Organismus zuwenden. Wir überprüfen, in welcher Verfassung unser Herz, unsere Gedanken und unser Körper sind. Dadurch signalisieren wir, dass wir für unser Leben Verantwortung übernehmen, und können uns leichter vom Tag verabschieden.

Such dir in deinem Bett eine bequeme Lage und atme ein Mal langsam aus. Bekräftige deine Absicht für eine Rückbesinnung: Jetzt will ich dem Tag Adieu sagen und Ruhe und Frieden finden.

Stell dir vor, dass dein Atem deinen ganzen Organismus durchströmt, dein Herz, dein Gehirn, deinen Körper.

Nimm Überreste von Stress, Aufregung und Unruhe in deinen Atem auf und lass sie beim Ausatmen aus dir hinausströmen. Ruh dich aus in einer Atmosphäre der Gelassenheit.

Sprich nun ein paar freundliche Worte zu jenen Teilen von dir, die noch immer unruhig sind. Vielleicht sind das Empfindungen in einzelnen Körperteilen, eine Stimmung deines Herzens oder Sorgen deines Geistes. Beruhige alles, was noch nicht den Rhythmus der Nacht gefunden hat.

Sprich zu deinem Körper: «Ich danke dir für alles, was du für mich und andere getan hast. Jetzt kannst du dich ausruhen. Morgen begrüße ich dich wieder.»

Sprich freundlich zu dir selbst und bekräftige deine Absicht, dass du deinem Leben einen positiven Sinn geben willst: «Ich wünsche mir, dass alle meine Unternehmungen für mich und andere segensreich sind. Jetzt verabschiede ich mich von meinen Aktionen und Plänen und wünsche mir eine friedliche Nacht.»

Gönn dir noch ein langsames Ausatmen, vielleicht verbunden mit einem Seufzer und beende den Tag mit dem magischen Wort: «Danke».

Fünffacher Dank

Um die positiven Auswirkungen unserer Dankbarkeit erleben zu können, müssen wir dafür sorgen, dass unsere Dankbarkeitsrituale nie langweilig werden. Manchmal ist es schwierig, zwischen Langeweile und dem Erlebnis der Ruhe zu unterscheiden. Wenn wir es schaffen, unseren gesamten Lebensrhythmus etwas weniger hektisch zu gestalten, dann fällt uns diese Unterscheidung leichter.

Dies ist ein Dankbarkeitsritual, bei dem wir ein paar Zeilen aufschreiben. Auf viele Menschen haben solche tagebuchartigen Notizen eine beruhigende und stärkende Wirkung. Die Menschheit hat verhältnismäßig spät gelernt, sich schriftlich auszudrücken. Das war eine ungeheure Entdeckung, deren Magie bis heute erhalten geblieben ist.

Wenn ich etwas mit Achtsamkeit aufschreibe, dann findet eine emotionale Rückkoppelung statt: Die notierten Worte bekommen eine ganz neue Energie. In dem folgenden kurzen Ritual kannst du dich davon überzeugen.

Reserviere dir für dieses Ritual ein paar Minuten am Abend. Nimm dein Tagebuch oder ein leeres Blatt Papier und notiere fünf Ereignisse des Tages, für die du dankbar bist:

- vielleicht das Lächeln deines Partners am Morgen...
- vielleicht den Kuss deines Kindes...
- vielleicht ein überraschendes Kompliment deines Kollegen...
- vielleicht eine Melodie, die dich daran erinnerte, dass das Paradies manchmal ganz nah sein kann...

Verlass dich bei der Auswahl dieser erfreulichen Erlebnisse auf deine Intuition. Aber vermeide bitte den Fehler zu glauben, dass wir nur für absolut kostbare Dinge dankbar sein dürfen.

Bewahre deine Notizen auf und nimm dir vor, dieses Ritual einen Monat lang jeden Abend zu wiederholen. Es wird dir helfen, dein Leben aus der Perspektive der Dankbarkeit zu betrachten.

Die Treppe der Dankbarkeit

Manchmal fällt es uns leichter einzuschlafen, wenn wir uns von einem hypnotischen Bild in das Reich der Träume hinüberziehen lassen. Dann vermeiden wir, dass wir in die Atmosphäre des Tages verstrickt bleiben.

Schließ die Augen und atme ein Mal langsam aus.

Spüre, wie sich dein Körper dabei entspannen kann. Gestatte diese Entspannung auch deiner inneren Welt, indem du dir sagst: «Auch meine Gefühle und Empfindungen, meine Gedanken und Ideen können jetzt eine längere Pause machen. Ich möchte mich zur Ruhe begeben.»

Und nun stell dir vor, dass du oben auf einer Treppe stehst... Du bist schon so viele Treppen in deinem Leben gegangen... Stell dir jetzt eine besonders schöne Treppe vor... mit einem Geländer aus Holz oder mit einem goldfarbenen Messinggeländer... Vielleicht sind die Stufen mit einem weichen Teppich bedeckt, der dir das Gefühl gibt, wie auf Wolken zu gehen... Aber vielleicht ziehst du eine Steintreppe vor... Wichtig ist nur, dass du diese Treppe magst...

Stell dir vor, dass du ganz oben auf dem Treppenabsatz stehst und von dort hinabsteigst... vielleicht zehn Stufen... vielleicht mehr... vielleicht ein paar weniger...

Und dieses Hinabgehen wird dir ein gutes Gefühl geben... Vielleicht fühlst du dich wie ein schwebendes Blatt... vielleicht wie eine Daunenfeder im Wind, während du Stufe um Stufe hinabsteigst...

Und immer wenn du bemerkst, dass deine Unruhe von dir abfällt, dass du locker und leicht wirst, dann kannst du «Danke» flüstern... «Danke für dieses schöne Bild der Treppe... Danke für meine Vorstellungskraft... Danke für meine Fähigkeit, vom Tag in die Nacht hinüberzugehen, wo schöne Träume auf mich warten.»

Danke für den Tag

Wir schlafen besser, wenn wir uns sagen können: Alles ist okay, alles ist getan, diese Pause kommt zur rechten Zeit. Manchmal bleiben wir jedoch im Netz unserer Sorgen und Befürchtungen gefangen. Dann stellen wir uns vor, was an diesem Tag nicht gut gelaufen ist, und denken darüber nach, welche Pannen der nächste Tag bringen könnte.

Mit negativen Gefühlen und Sorgen einschlafen zu wollen, ist nicht gut. Darum sollten wir versuchen, positive Emotionen wachzurufen. Wenn es uns gelingt, Gefühle der Dankbarkeit in uns hervorzurufen, dann fällt es uns leichter, von sorgenvollem Grübeln auf optimistische Heiterkeit umzuschalten. Das folgende Ritual zeigt, wie wir das bewerkstelligen können.

Leg dich in deinem Bett bequem auf den Rücken und atme ein Mal langsam aus. Bekräftige deine Absicht, dass du die Regie jetzt deinem Herzen übergeben willst.

Erinnere dich an den Tag, der hinter dir liegt, und lass dir irgendetwas Gutes einfallen, was dir widerfahren ist.

Lass dir Zeit, damit die Erinnerung lebendig werden kann. Betrachte das positive Ereignis als ein Geschenk des Himmels, das deinem Besten dient.

Spüre die positive Ausstrahlung dieses Geschenks, die Unterstützung und die Sicherheit, die es dir gibt.

Und wenn dir jetzt noch mehr gute Dinge einfallen, für die du dankbar bist, dann kannst du auch sie als Geschenke des Lebens anerkennen und dir klarmachen, dass Glück niemals unser Verdienst ist.

Lass alle kritischen Gedanken und Kommentare hinter dir, die deine Freude schmälern könnten.

Genieße das warme Gefühl der Dankbarkeit wie eine leichte Decke, die dich friedlich schlafen lässt.

Dankbarkeit und Glück

Manche Menschen haben es sehr schwer, von negativen Erlebnissen des Tages umzuschalten auf die vielen positiven Dinge, die ihnen ebenfalls begegnet sind. Diese positiven Erlebnisse bilden unsere Ressourcen, sie geben uns Hoffnung und Optimismus und die Energie, unser Leben in eine helle Zukunft zu steuern.

Damit unsere Nächte nicht nur erholsam sind, sondern in einem umfassenden Sinne therapeutisch, sollten wir uns vor dem Einschlafen auf das Gefühl der Dankbarkeit konzentrieren.

Mach es dir in deinem Bett bequem und atme ein Mal langsam aus. Heute Abend sollst du dich auf eine innere Qualität konzentrieren, die dein größtes Kapital werden könnte. Ich spreche von Dankbarkeit. Buddha hat einst gesagt: «Wir wollen uns erheben und dankbar sein; auch wenn wir heute nicht viel gelernt haben, so haben wir vielleicht ein wenig gelernt; und wenn wir gar nichts gelernt haben, so sind wir wenigstens nicht krank geworden; und wenn wir doch krank geworden sind, so sind wir wenigstens nicht gestorben; darum haben wir allen Grund, dankbar zu sein.»

Stell dir nun irgendein Glas vor. Es soll ein schönes Glas sein und groß genug, damit all das hineinpasst, wofür du dankbar bist...

Lass dich davon überraschen, was dir zuerst einfallen wird...

Lass deine Phantasie arbeiten, damit du alles, wofür du dankbar bist, deutlich vor dir sehen und in dieses Glas hineinlegen kannst.

Vielleicht willst du ein Symbol hineinlegen... vielleicht ein Foto... vielleicht einen geliebten Menschen...

Lass dir ein paar Minuten Zeit, um das Glas mit allen Geschenken des Lebens zu füllen, über die du dich freuen kannst.

Vielleicht tauchen diese Bilder heute Nacht in deinen Träumen auf... Und vielleicht fühlst du dich so stark, dass du positive Bilder deiner Zukunft erlebst.

Und wenn du willst, kannst du dich auch für etwas bedanken, was sich erst später ereignen wird. Sag dann einfach: «Danke für die schönen Träume der Nacht.»

Gute Nacht

Manchmal möchte unser Körper schon schlafen, während unser Geist noch angestrengt arbeitet. Vielleicht hilft es dir dann, wenn du deinen wachen Geist wie ein müdes Kind behandelst, das zu Bett gebracht wird.

Leg dich in deinem Bett bequem auf den Rücken. Atme ein Mal langsam aus und bekräftige deine Absicht: «Jetzt sorge ich wie eine gute Mutter für meinen unermüdlichen Geist.»

Richte deine Aufmerksamkeit nun bitte auf deine Gedanken und auf alles, was dir noch im Kopf herumgeht.

Sprich sanft und ruhig zu deinem fleißigen Geist, als ob du zu einem unruhigen Kind sprichst. Sag z. B.: «Ich möchte dir für alles danken, was du für mich tust. Du gibst dir große Mühe, alles im Auge zu behalten. Jetzt ist es Zeit für eine Pause. Morgen ist eine neue Gelegenheit, um Gutes zu bewirken. Jetzt ist es Zeit zum Schlafen. Gute Nacht.»

Atme dann noch einmal langsam aus und gestatte den Engeln des Schlafs, dich ins Reich der Träume zu tragen.

Wenn dein Geist noch zu viel unverbrauchte Energie hat, musst du diese Prozedur eventuell verlängern. Aber achte darauf, dass du immer freundlich und verständnisvoll sprichst. Es gibt unendlich viele Dinge, die du deinem Geist verdankst.

Naikan – nach innen sehen

Ein japanischer Philosoph und Menschenfreund hat diese bemerkenswerte Methode erfunden. Während wir in Europa dazu neigen, die Interessen des Einzelnen als höchsten Wert zu betrachten, betont die japanische Kultur den Wert und die Würde von Gruppen und Clans.

In der Praxis des Naikan gibt es eine schöne Balance zwischen beiden Betrachtungsweisen. Das Wort «Naikan» bedeutet «nach innen sehen». Dieser Akt wird mit Hilfe von drei Fragen vollzogen, die dem Einzelnen das Gefühl geben, für sein Leben verantwortlich zu sein, aber auch loyal gegenüber den Ansprüchen der Gruppe.

In diesem Ritual greifen wir auf eine vereinfachte Form des Naikan zurück, die sich gut vor dem Einschlafen realisieren lässt. Wir beginnen bei uns selbst und schlagen dann den Bogen zu all den Menschen, mit denen wir im Laufe des Tages zu tun hatten.

Du kannst dieses Ritual im Sitzen oder im Liegen durchführen. Wenn du noch wach genug bist, empfehle ich die Form des meditativen Sitzens.

Beginne damit, dass du ein Mal langsam ausatmest. Dann frage dich selbst: «Was habe ich heute Gutes bekommen?»

Lass dir Zeit, um dich an alles zu erinnern, was dir an diesem Tage geschenkt wurde; von anderen Menschen, vom Schicksal, von der Natur oder von irgendeiner höheren Macht. (2-3 Min.)

Beginne jetzt den zweiten Schritt der Selbsterforschung, indem du erneut langsam ausatmest. Frage dich dabei bitte: «Was habe ich heute gegeben?»

Diese Frage dürfen wir nicht vergessen, denn bekommen und geben gehören unauflöslich zusammen. Wer bekommt und das dankbar registriert, der hat ein natürliches Bedürfnis, auch etwas zu geben. Und zwar nicht nur der Person, der wir dankbar sind.

Wenn ich mir diese Frage vorlege, dann erinnere ich mich an all die kleinen Freundlichkeiten und Hilfen, mit denen ich andere aus freien Stücken beschenkt habe. (2-3 Min.)

Und ehe du den dritten Schritt machst, atme ein drittes Mal langsam aus. Frage dich jetzt: «Welche Schwierigkeiten habe ich anderen heute bereitet?»

Mit dieser Frage erkennen wir unseren Anteil an den Problemen, an den Konflikten und auch an dem Leid der Menschen an, mit denen wir zu tun haben.

Dabei müssen wir sehr aufmerksam sein. Normalerweise bemerken wir die Schwierigkeiten, die wir für andere verursachen, eher selten oder sehr spät. (2-3 Min.)

Achte auf deine Stimmung, nachdem du dich mit diesen drei Fragen beschäftigt hast. Sei dir bewusst, dass du damit einen wichtigen Beitrag geleistet hast, um Konflikte zu entschärfen und ein friedliches Zusammenleben zu fördern.

Jetzt hast du guten Grund, um friedlich und heiter einzuschlafen.

Naikan schriftlich

Wer sich erstmals mit dem Naikan beschäftigt, wird vielleicht diese ausführliche Version vorziehen. Dabei sitzen wir an unserem Schreibtisch und notieren unsere Gedanken.

Nimm dir am Abend fünfzehn Minuten Zeit zur Reflexion. Notiere auf einem Blatt, was andere Menschen an diesem Tag für dich getan haben. (5 Min.)

Dann notiere auf einem zweiten Blatt, was du an diesem Tag für andere getan hast. Sei dir bewusst, dass das nicht unbedingt dieselben Menschen sein müssen. (5 Min.)

Und zum Schluss nimm dir ein drittes Blatt und schreibe auf, welche Schwierigkeiten du anderen an diesem Tag bereitet hast. Vielleicht ist dies der schwierigste Teil der Aufgabe. Sei in deinen Notizen möglichst genau und konkret. (5 Min.)

Wenn du alle deine Gedanken notiert hast, dann lies dir deine Notizen noch einmal durch und überlege, ob du für den kommenden Tag irgendein Ziel ins Auge fassen möchtest, das jetzt Bedeutung für dich gewonnen hat.

Verweile doch, du bist so schön!

Um immer wieder neu dankbar sein zu können, benötigen wir mehr, als ein verfeinertes moralisches Bewusstsein. Wir benötigen «poetische Intelligenz», die Fähigkeit, uns ganz auf den Augenblick zu konzentrieren und die Poesie der Welt zu erleben.

Zum Glück können wir Dankbarkeit und poetische Intelligenz trainieren. Viele Menschen entdecken erstaunt, dass sie über eine dichterische Ader verfügen. Und dass sie ihren Empfindungen ohne große Mühe sprachlichen Ausdruck geben können.

An manchen Abenden bemerkst du vielleicht, dass du besonders sensibel bist, sowohl für die Schönheit der Welt als auch für die Tragik des Lebens. Gestatte dir, dein Bewusstsein ein paar Minuten ganz auf den Augenblick auszurichten und in diesem Augenblick die Ewigkeit zu entdecken.

Erlaube dir, deine poetische Begabung zu testen. In vielen Menschen schlummert dieses Talent und jetzt ist eine gute Gelegenheit, das Fenster der Poesie weit zu öffnen.

Reserviere dir zehn Minuten ungestörte Zeit. Nimm dir ein Blatt Papier und am besten einen altmodischen Füllhalter.

Denk zurück an irgendeinen Augenblick in deinem Leben, den du aus irgendeinem Grunde gern etwas ausgedehnt hättest.

Vielleicht sahst du eine Wolkenformation am Himmel, die dich an ein altes Märchen erinnerte. Vielleicht war es der magische Klang einer Stimme oder eine überraschende Bemerkung, die irgendjemand machte.

Versuche, diesen Augenblick in einem kleinen Gedicht poetisch festzuhalten, dessen Form ganz einfach sein soll: Es muss sich nicht reimen, aber die Worte sollen «atmen».

Lass dir ganz in Ruhe einen solchen Augenblick einfallen. Oft nehmen wir uns nicht die Zeit, uns zu öffnen und uns von einem Ereignis beeindrucken zu lassen. Dabei sind es manchmal winzige Begebenheiten, die unserem Leben eine ganz neue Wendung geben. Wenn du dich auf diese Aufgabe einlässt, wirst du vielleicht ein Wunder erleben und dankbar sein, dass du dieses Risiko eingegangen bist. Hier ein Beispiel für ein solches einfaches Gedicht:

Strand im Winter.
Kein Ton.
Kein Duft.
Alles ruht.

Gestern, heute, morgen

Um glücklich zu sein, müssen wir eine konstruktive Einstellung zu den drei Zeitstufen unseres Lebens einnehmen:

- *Wir müssen zufrieden sein mit der Vergangenheit, sodass unser emotionales Bild der abgelaufenen Lebenszeit positiv ist.*
- *Für die Zukunft benötigen wir sinnvolle Ziele und den Glauben, dass wir unsere Wünsche verwirklichen können.*
- *Für die Gegenwart benötigen wir Achtsamkeit und die Fähigkeit, im Augenblick zu leben und diesen genießen zu können.*

Die Balance zwischen den verschiedenen Zeitstufen zu finden, ist ein lebenslanger Prozess. Dabei ist es unmöglich, die Balance dauerhaft herbeizuführen. Es kommt vielmehr darauf an zu erkennen, welche Zeitstufe wir stärker betonen sollten. Das Gefühl einer umfassenden Dankbarkeit für das eigene Leben stellt sich leichter ein, wenn wir die Kunst der Balance beherrschen.

Für das folgende Zufriedenheitsritual benötigst du etwa fünf Minuten. Beginne mit einem alten Glücksritual. Stell dich in die Mitte des Zimmers und leg die Handflächen vor der Brust gegeneinander, als Zeichen der Ehrerbietung für die Mächte, an die du glaubst. Dann verbeuge dich wortlos in alle vier Himmelsrichtungen. Damit drückst du einen wortlosen Dank für deine Existenz aus: «Ich bin dankbar für mein Leben und dafür, dass ich dieses Ritual heute durchführen darf».

Nimm dir deinen Kalender. Finde jetzt irgendein Adjektiv, das beschreibt, wie du den abgelaufenen Tag erlebt hast, und notiere das Wort beim heutigen Datum. Dann schreibe zum Datum davor, wie du den gestrigen Tag erlebt hast, ebenfalls in einem einzigen Adjektiv. Und schließlich notiere ein drittes Adjektiv, das beschreibt, wie der morgige Tag für dich sein soll.

Wiederhole dieses Ritual vierzehn Tage lang jeden Abend, dann wirst du hilfreiche Anregungen bekommen, wie du die Gegenwart intensiver genießen kannst bzw. welche Ziele für deinen Lebenstraum geeignet sind.

Okay-Liste

Manche Menschen haben sich daran gewöhnt, vor allem negative Gefühle zu kultivieren und ihr Leben pessimistisch zu betrachten. Sie neigen dazu, sich ständig Sorgen zu machen und über verpasste Gelegenheiten oder befürchtete Katastrophen zu brüten. Sie halten sich selbst für unwürdig und für geborene Verlierer. Und sie tendieren dazu, andere Menschen genauso kritisch zu beurteilen und sie als potenzielle Gefahrenquellen auf Abstand zu halten. Mit dieser Haltung geht es ihnen wie den unglückseligen Stachelschweinen, die im Winter Schwierigkeiten haben, sich gegenseitig zu wärmen.

Dieses Ritual zum Tagesabschluss kann helfen, mehr positive Gefühle zu erleben, weil der eigene Blick klarer und objektiver wird.

Für dieses Ritual benötigst du anfangs ca. zehn Minuten. Doch wird sich die aufgewendete Zeit als gute Investition herausstellen.

Der Moment, der sich dafür am besten eignet, ist die letzte Stunde des Tages. Du solltest dafür allein im Raum sein, Schreibzeug parat haben und eine brennende Kerze. Die Kerze kann dir helfen, bei diesem Ritual eine geistige Haltung einzunehmen, wie du sie vielleicht von der Meditation her kennst. Du bemühst dich um innere Klarheit, um ein gerechtes Verständnis und um eine freundliche Objektivität.

Nimm ein Blatt Papier und mach eine lange Liste der positiven Ereignisse des heutigen Tages. Nenne in jeder Zeile irgendetwas, was heute für dich gut lief, was du selbst bewirkt hast, was andere bewirkt haben oder was eine schicksalhafte gute Fügung war. Das können auch ganz kleine Dinge sein, wie z. B. «ohne Kopfschmerzen erwacht.» Die Reihenfolge der positiven Erinnerungen kann ganz willkürlich sein, es kommt einzig und allein auf Vielfalt, auf Fülle und auf ungewohnte Perspektiven an. Entdecke Dinge, die du für gewöhnlich übersiehst.

Während du an deiner Liste arbeitest, wird dir vielleicht ein passender Titel dafür einfallen. Du kannst meinen Vorschlag aufgreifen und sie mit Okay-Liste überschreiben, aber vielleicht hast du auch Spaß daran, eine eigene Überschrift zu finden.

Brief an Gott

Die Zeit vor dem Einschlafen ist eine besondere Zeit, eine heilige Zeit. Wir benötigen Vertrauen, um uns dem Schlaf hingeben zu können, Vertrauen darauf, dass es Mächte gibt, die unseren Schlaf beschützen. Es ist daher nicht abwegig, in der Zeit des Übergangs einen Brief an eine höhere Macht zu schreiben, um für den abgelaufenen Tag zu danken. Dieses Ritual hat sich vielfach bewährt. Es erinnert uns daran, dass jeder Tag ein Geschenk ist, auf das wir keinen Anspruch haben. Es ist die Großzügigkeit des Spenders, die sich im Geschenk ausdrückt. Darum bekommt unser Dank eine besondere Intensität. Du kannst dieses einzigartige Ritual einen Monat lang wiederholen. Am Ende wirst du froh sein, dass du diesen Versuch gemacht hast.

Nimm dir dein Schreibzeug und begib dich an einen Ort, wo du gut zur Ruhe kommen kannst. Zünde eine Kerze an zum Zeichen deiner inneren Konzentration. Gleichzeitig kann das auch ein Signal an den Adressaten des Briefes sein, dass du mit deinem Brief einen Dialog beginnen willst.

Du kannst dich mit deinem Brief an Gott wenden, aber auch an deinen Schutzengel oder an irgendeine höhere Macht, an die du glaubst. Bedanke dich für den abgelaufenen Tag und für alles, was dir geschenkt wurde. Danke auch für deine Stärken, die dir ein sinnvolles Leben ermöglichen:

- für die Fähigkeit, auf Veränderungen zu reagieren, die dir das Leben schickt,
- für die Fähigkeit, dich zu verändern und mehr von dem zu tun, was dich glücklich macht bzw. weniger davon, was dich belastet,
- für die Fähigkeit, anderen Menschen beizustehen, die deine Hilfe brauchen.

Es spielt keine Rolle, wie lang dieser Brief wird. Wenn du magst, dann lass den Empfänger dir einen Antwortbrief schreiben. Der Dialog wird dich überraschen.

Eine Postkarte an mich selbst

Die meisten Menschen führen ständig halb bewusste Selbstgespräche. Leider sind diese inneren Monologe oft mit den Wünschen und Befürchtungen von Eltern und Lehrern aus der Vergangenheit imprägniert. Häufig zielen diese automatischen Selbstgespräche darauf ab, Entwicklungen zu blockieren, die risikoreich sind. Darum sind bewusste Mitteilungen, die wir an uns selbst richten und mit denen wir uns Anerkennung ausdrücken, besonders wertvoll. Da wir uns selbst am besten kennen, können wir Qualitäten kommentieren, die für andere vielleicht nicht wahrnehmbar sind. Ich empfehle dir, dieses Ritual ein halbes Jahr lang jeweils am letzten Tag des Monats zu wiederholen.

Benutze diesen Abend, um dir eine Postkarte zu schreiben. Dafür muss der Text kurz und knapp sein. Vielleicht möchtest du die fertige Postkarte in einen Briefumschlag stecken und später absenden. Wenn du deine Mitteilung mit der Post befördern lässt, kann das die Wirksamkeit deiner Worte verstärken. Drücke dir selbst Wertschätzung und Dank aus für das, was du im abgelaufenen Monat getan hast. Rechne mit der Möglichkeit, dass jeder von uns in sich die Stimme der Weisheit hat, die nur darauf wartet, häufiger gehört zu werden.

Den Kollegen danken

Unsere Beziehungen am Arbeitsplatz sind nicht frei von Missverständnissen, Empfindlichkeiten und Rivalitäten. Umso wichtiger ist es, dass wir unsere innere Einstellung verändern und uns um positive Gefühle und Wertschätzung der Kollegen bemühen. Dieses Ritual kannst du immer dann verwenden, wenn du bemerkst, dass du ungeduldig, gereizt oder verächtlich auf einen Kollegen reagierst. Nach einiger Zeit wirst du feststellen, dass sich die Beziehung verändert.

Lass dir am Abend etwas Zeit für dieses Ritual. Du benötigst dafür ca. fünf Minuten. Atme ein Mal langsam aus und bekräftige deine Absicht: «Ich wünsche mir, dass dieses Ritual dazu beiträgt, die Beziehungen zu meinen Kollegen zu verbessern.»

Denk nun an eine Kollegin/einen Kollegen, die/den du magst und in dessen Gegenwart du dich wohlfühlst. Stell dir vor, dass du diesen Menschen ansprichst und ihm deine Wertschätzung ausdrückst. Sag ihm, was du an ihm schätzt und wofür du ihm dankbar bist. Beende deine kurze Ansprache mit dem Wunsch: «Ich wünsche dir Glück... ich wünsche dir, dass es dir gut geht und du dich sicher fühlst...» (1 Min.)

Und nun denk bitte an eine Kollegin/einen Kollegen, die/der für dich schwierig ist, der in dir kritische Kommentare auslöst und dessen Gegenwart du lieber vermeidest. Stell dir vor, dass du auch zu dieser Person in der gleichen freundlichen Art sprichst, mit Respekt und Verständnis. Kommentiere nicht das Verhalten der Person, das dich stört, versuche stattdessen, das zu entdecken und anzusprechen, was an ihr/ihm positiv ist. Wähle dafür Worte, die der Person wohltun. (1 Min.)

Wenn du gesagt hast. was gesagt werden kann, dann mach bitte eine Pause. Registriere, wie du dich jetzt fühlst und was dir durch den Sinn geht.

Stumme Helfer

Die neuesten technologischen Erfindungen werden oft mit Begeisterung begrüßt. Das bedeutet jedoch nicht, dass wir eine wirklich positive Beziehung zur Sphäre der Alltagstechnologie haben. Wir leben mit Hunderten von Erfindungen, die uns das Leben erleichtern, unsere ästhetischen Ansprüche befriedigen, unserer Gesundheit dienen oder unsere Mobilität sicherstellen. Doch die meisten Dinge aus dieser Sphäre behandeln wir mit einer gewissen lieblosen Selbstverständlichkeit. Dabei sind alle diese Errungenschaften kostbar und empfindlich. Und sie erfordern die Sorgfalt vieler Menschen. Leitungswasser und Seife, Heizungswärme, Elektrizität und Benzin, all das würde die Menschen in Erstaunen versetzen, die vor fünfhundert Jahren gelebt haben.

Wir wissen heute, dass Rohstoffe und Ressourcen immer knapper werden. Unsere Achtlosigkeit führt dazu, dass wir den Wert dieser stummen Helfer nicht richtig einschätzen und verschwenderisch mit ihnen umgehen. Wir können das ändern, indem wir beginnen, auch den Dingen dankbar zu sein.

Nimm dir ein Blatt Papier und notiere all die Dinge, die du täglich benutzt, ohne dir Gedanken darüber zu machen. Mach dir klar, welche Folgen es für die Welt hat, wenn du diese Dinge erwirbst und benutzt. Erinnere dich daran, dass allein deine Kleidung viele Ressourcen verbraucht. Um ein Kilo Baumwollstoff herzustellen, werden 20.000 Liter Wasser benötigt.

Mach eine Liste mit zwanzig alltäglichen Dingen, ohne die du dir dein Leben nicht vorstellen möchtest. Versuche Wertschätzung für diese Dinge zu empfinden und Respekt für die Menschen, die ihre Zeit und Sorgfalt zur Verfügung gestellt haben, um diese Dinge bereitzustellen. Danke zum Schluss deinen stummen Helfern in einem einzigen, achtsamen Satz.

3 Rituale für den Tag

Die Rituale dieses Abschnitts können zu verschiedenen Zeiten realisiert werden. Wichtig ist, dass es ein tragfähiges Motiv dafür gibt, z. B. den Wunsch,

- aufgeregte Gefühle zu beruhigen,
- sich zu erden,
- Optimismus zu entwickeln,
- ein mildes Glücksgefühl zu entwickeln,
- den Zusammenhalt in der Familie zu stärken,
- eine depressive Stimmung aufzulösen,
- sinnvolle Ziele für die Zukunft ins Auge zu fassen,
- angesichts einer Krise innere Widerstandskraft zu kultivieren.

Die meisten dieser Rituale gewinnen durch wohldosierte, regelmäßige Wiederholung an Wirksamkeit.

Fünffaches Glück

Dies ist ein sehr effektives Ritual, für das du nur fünf Minuten brauchst. Es hilft dir, dich in schwierigen Situationen zu regenerieren, negative Gefühle vorbeiziehen zu lassen und eine positive, hoffnungsvolle Stimmung herbeizuzaubern. Es ist hilfreich, wenn du für fünf Minuten allein sein kannst. Wenn du mit dem Ritual vertraut bist, kannst du es jedoch auch in sozialen Situationen praktizieren.

Atme zu Beginn ein Mal langsam aus, um deinem Organismus zu signalisieren, dass du bereit bist, in eine milde Trance zu gehen.

Leg nun bitte Daumen und Zeigefinger zusammen und reise in der Erinnerung an einen besonderen Ort zurück, den du kennst oder von dem du irgendwann geträumt hast. Es soll ein Ort sein, dessen Schönheit so einzigartig ist, dass dich ein Gefühl der Begeisterung dafür erfüllt. (1 Min.)

Jetzt lege bitte Daumen und Mittelfinger zusammen und erinnere dich an einen Duft, der die magische Kraft hatte, dich zu faszinieren und zu beglücken. Erinnere dich auch an eine Situation, in der dich dieser Duft verzaubert hat. (1 Min.)

Leg nun bitte Daumen und Ringfinger zusammen und lass dir irgendeine Melodie einfallen, die in der Lage ist, dein Herz zu verzaubern. Vielleicht weckt sie eine Sehnsucht in dir oder eine wunderbare Erinnerung. Gestatte dir, dieses besondere Geschenk voll und ganz zu genießen. (1 Min.)

Leg jetzt bitte Daumen und kleinen Finger zusammen und erinnere dich an eine Umarmung, in der dein Herz einem anderen Menschen ganz nahe gekommen ist. Lass dich von dieser Erinnerung für einen Augenblick in den Himmel der Liebe tragen. (1 Min.)

Und nun lass alle diese Erinnerungen in dir nachklingen und bedanke dich für die positiven Gefühle und das Glück, das sie dir bereitet haben. (1 Min.)

Berg der Zufriedenheit

Manchmal fühlen wir uns unkonzentriert, unsicher und orientierungslos. Solche Augenblicke fordern uns dazu heraus, unseren Kurs neu zu bestimmen. Doch das gelingt uns in der Regel erst dann, wenn wir wieder festen Boden unter den Füßen haben. Diese kurze Meditation kann dabei helfen. Du kannst sie überall durchführen und brauchst dafür ca. fünf Minuten Zeit.

Mach es dir bequem, im Liegen oder im Sitzen. Atme ein Mal langsam aus und sprich die folgenden Worte: «Ich hoffe, durch diese Meditation innere Stärke zu finden.»

Nun stell dir einen sehr schönen Berg vor, den du aus eigener Anschauung kennst oder den du auf einem Foto oder in einem Film gesehen hast. Während du dir den Berg vorstellst, lass deinen Körper mit dem Berg verschmelzen. Empfinde die Qualitäten des Berges, seine Stärke, seine Standfestigkeit, seine Unerschütterlichkeit, die Widerstandskraft, mit der er Wind und Wetter trotzt. Sei für ein paar Minuten dieser Berg. Sei immun gegen Sorgen, Ängste oder Unsicherheiten, beschützt vor den Stürmen der Zeit. Spüre ganz besonders den Fuß des Berges, jenen Bereich, wo du aus der Erde herauswächst und fest verbunden im Boden ruhst.

Empfinde jetzt deutlich die Dankbarkeit für dieses Gefühl der Stabilität. Mögen die Jahreszeiten Veränderungen bringen, mag das Wetter Regen und Schnee, Hitze und Trockenheit bringen. In der Tiefe bleibst du als Berg dir selbst treu, unerschütterlich inmitten aller Wandlungen. Das ist ein Grund für besondere Dankbarkeit. Sprich die Worte: «Berg, habe Dank.»

Herzklopfen

Wenn wir uns gestresst fühlen, dann gerät unser Herz aus dem Takt und schlägt unregelmäßig. Das ist anstrengend fürs Herz und es verunsichert uns. Die Hauptursache für Stress sind negative Gefühle. Angst, Unsicherheit, Feindseligkeit, Isolation, Neid, Eifersucht und Groll.
Diese kurze Meditation ist geeignet, das Herz wieder gleichmäßig schlagen zu lassen und aufgeregte Gefühle zu beruhigen, damit Gefühle der Wertschätzung, der Liebe und Dankbarkeit aufkommen können.

Zu Beginn brauchst du dafür ca. fünf Minuten. Später gelangst du sehr viel schneller in die Zone der Ruhe.

Für diese Meditation solltest du allein sein. Atme im Sitzen oder im Stehen ein Mal langsam aus und lege eine Hand auf dein Herz, um deinen Herzschlag zu spüren.

Und nun stell dir vor, dass es dein Herz ist, das für dich atmet. Lass in der Phantasie die Luft durch dein Herz herein- und herausfließen. Atme langsam und sanft und versuche, einen Atemrhythmus zu finden, der sich gut anfühlt.

Und während du gleichmäßig weiteratmest, erinnere dich bitte an eine Situation, in der du deutlich ein positives Gefühl verspürt hast. Vielleicht hast du dich einem Menschen nahe gefühlt. Vielleicht hast du liebevoll für jemanden gesorgt, vielleicht hast du die Präsenz eines anderen Menschen genossen, vielleicht hast du Dankbarkeit dieser Person gegenüber verspürt. Und während du weiter durch dein Herz ein- und ausatmest, kannst du dieses Gefühl der Wertschätzung und der Dankbarkeit in deinem Herzen wachsen und von dort in deinen gesamten Organismus ausstrahlen lassen. Bemerke, dass diese positiven Gefühle dir den Eindruck geben, dass du dich ausdehnst, dass dein gesamter Organismus sich weitet, dass du dich offener und lebendiger fühlst. (1-2 Min.)

Danke deinem Herzen, dass es so treu für dich schlägt und bestrebt ist, das Beste für dich zu tun. Atme noch ein Mal kräftig aus und dann öffne die Augen.

Glücklicher Montag

Für viele Menschen ist der Montag kein glücklicher Tag. Sie gehen mit ambivalenten Gefühlen zur Arbeit. Sie empfinden an diesem Tag mehr Stress als sonst. Unfälle und Herzinfarkte sind häufiger. Lustlosigkeit ist vielen an Montagen ein vertrautes Phänomen. In dieser Situation kann ein kleines Ritual unsere Gefühle aufhellen und freundlich stimmen.

Reserviere dir ein paar Minuten Zeit und nimm dir etwas zum Schreiben. Notiere alle positiven Dinge, die dir in der letzten Woche widerfahren sind. Erinnere dich auch an den «Geschmack» und den «Duft» der positiven Gefühle, dann kannst du alle Negativität aus deinem Bewusstsein vertreiben und durch Dankbarkeit ersetzen. Vielleicht erinnerst du dich...

- an ein Kompliment, das du für deine Kleidung bekommen hast.
- an den Dank eines Freundes, dem du etwas von deiner Zeit geschenkt hast.
- an das Kind deines Nachbarn, das dich gefragt hat, ob es dir helfen darf.
- an die Blüte deiner Lieblingsrose, die sich für dich öffnete.

All das wird dich daran erinnern, wie schön das Leben auch am Montag sein kann.

Der Reiz des Neuen

Was uns glücklich macht und wofür wir dankbar sind, das verändert sich im Laufe der Zeit. Wir müssen deshalb bereit sein, auch uns selbst zu verändern, um unseren sich wandelnden Bedürfnissen gerecht zu werden. Mit anderen Worten, wir müssen in der Lage sein, uns selbst zu widersprechen, unsere Gewohnheiten zu durchbrechen und alte Grenzen zu überschreiten. Zur Belohnung fühlen wir uns verjüngt, bereichert, vitaler als zuvor. Wir haben dann auch weniger Angst vor den Veränderungen, die uns von außen aufgezwungen werden. Den meisten von uns fällt das nicht immer leicht. Darum gehen wir oft mit einem gewissen Zittern und Zagen an solche Grenzüberschreitungen heran.

Dies ist ein besonderes Ritual, das sehr gut in den Rahmen eines Workshops, eines Seminars oder einer therapeutischen Gruppe passt. Dort können wir uns mit anderen austauschen und die Solidarität der Gruppe zur Neuverankerung benutzen.

Wir benötigen für dieses Ritual einen halben bis ganzen Tag. Es besteht aus einem Experiment, bei dem wir einen wichtigen Aspekt unseres Selbstbildes außer Kraft setzen:

- Wer Wert legt auf gepflegte Kleidung, zieht sich an wie ein Punk.
- Wer bürgerliche Korrektheit liebt, versucht sich als Bettler.
- Wer die organisierte Religion verabscheut, versucht jemanden zu bekehren.
- Wer Wert auf Erfolg legt, gibt anderen Gelegenheit, über ihn zu lachen, usw.

Die Herausforderung besteht darin, etwas zu finden, was wirklich die eigenen Grenzen sprengt. Aber die Aussicht auf Gewinn ist groß:

- Ich kann entdecken, dass ich unerwartet gut in der Lage bin, mich auf Veränderungen einzustellen.
- Ich kann den Wert von Improvisationen schätzen lernen.
- Ich entdecke den Reiz von Achtsamkeit und «Nichtwissen».

Viele Teilnehmer fühlen sich nach diesem Experiment glücklich und dankbar, dass sie mit einfachen Mitteln eine vollkommen neue Seite im Buch ihres Lebens aufgeschlagen haben.

Ritual mit Leitmotiv

Der Benediktinermönch David Steindl hat ein sehr schönes Dankbarkeitsritual erfunden. Dankbarkeit gehört für ihn zu den Fundamenten der Spiritualität. Sie ist für ihn die Voraussetzung für Glück.

Wir wählen uns täglich ein neues «Thema des Tages» aus, auf das wir uns konzentrieren möchten. Dafür eignet sich jede Alltagserfahrung. Ein Beispiel: das Thema «Wasser». Immer wenn wir duschen, uns die Hände waschen, Geschirr spülen oder unsere Blumen gießen, dann richten wir unsere Achtsamkeit auf das Wasser. Wir machen uns bewusst, welche Bedeutung das Wasser in unserem Leben hat, wie es für uns wäre, wenn es uns an Wasser mangelte und dann drücken wir schweigend unsere Dankbarkeit dafür aus, das dieses Element uns zur Verfügung steht.

Am nächsten Tag wählen wir ein anderes «Thema des Tages», vielleicht die Luft, die wir atmen, die Elektrizität, die uns Licht und Energie spendet usw.

Dieses Ritual verbindet sehr schön die Sphäre des Alltags mit der inneren Haltung. Viele Dinge, die sonst übersehen werden, bekommen so ihren Wert zurück.

Geschenke

Zur Dankbarkeit gehört die Bereitschaft, der Welt etwas von dem zurückzugeben, was wir bekommen haben. Im Alltag können die Teilnehmer mit folgendem Ritual experimentieren: Ein Mal pro Woche macht jeder irgendeiner Person ein Geschenk. Das Geschenk braucht nicht teuer oder extravagant zu sein. Es kann eine freundliche Geste sein, eine Hilfestellung oder ein wenig Zeit. Dabei spielt es keine Rolle, ob der Empfänger das Geschenk überhaupt bemerkt. Wichtig ist, dass es mit der Absicht gegeben wird, den Beschenkten zu erfreuen.

Besonders wertvoll ist dieses Ritual, wenn es nicht mit der Absicht verbunden ist, sich für eine empfangene Wohltat zu revanchieren. Dieser Akt des Schenkens soll «reines» Geben sein, ohne Anlass, ohne jeden strategischen Hintergedanken.

Um die Kunst des spontanen, intuitiven Gebens in einer Gruppe einzuüben, können Sie das folgende Gruppenexperiment ausprobieren: Die Gruppe sitzt im Kreis. Jeweils ein Teilnehmer geht in die Mitte und hat das Recht, ein bis drei Geschenke zu verteilen. Das soll möglichst spontan geschehen. Der Schenkende wählt die Empfänger aus und entscheidet intuitiv, was er schenken möchte. Der Beschenkte versucht, die Situation zu genießen und schweigt bzw. bedankt sich mit einem kurzen «Danke».

Verschenkt werden kann alles: Objekte, Gefühle, Erfolge, Charakterstärken, ja sogar Glück.

Dieses Ritual verbessert in der Regel spürbar die Stimmung in der Gruppe.

Jubi-Ritual

Dies ist ein wunderbares Ritual für Familienfeste (Geburtstage, Taufen, Hochzeiten, Einschulungsfeiern, Geschäftsjubiläen usw.) und für private Partys, wenn einer der Gäste besondere Aufmerksamkeit bekommen soll.

Jeweils eine Person steht im Zentrum der Aufmerksamkeit und darf die Zuneigung der anderen und ihre Wertschätzung genießen. Das Ritual bringt die Teilnehmer einander näher und sorgt für eine freundliche, inspirierende Atmosphäre.

Der Moderator gibt eine kurze Einführung, erklärt die Struktur und sorgt für einen geordneten Ablauf.

Die Person, die gefeiert werden soll, nimmt auf dem «Thron» Platz. Das sollte eine Sitzgelegenheit sein, auf der sonst jemand mit hohem Status sitzt, der die allgemeine Achtung genießt.

Nacheinander gehen die Teilnehmer zu der Person auf dem «Thron» und geben ihr eine positive Botschaft, in der Wertschätzung und Dank miteinander verbunden sind: «Opa Uwe, ich schätze an dir, dass ich jederzeit zu dir kommen kann, um mir Rat zu holen und ich bin dir dankbar, dass du der sichere Hafen in unserer Familie bist.»

Die gewürdigte Person nimmt alle Freundlichkeiten kommentarlos in sich auf und freut sich daran.

Leicht veränderte Version für Gruppen: Jeweils ein Teilnehmer sitzt auf dem «Thron» und maximal drei Teilnehmer haben die Möglichkeit, ihre Würdigung zu überbringen. Dann kommt ein anderer Teilnehmer an die Reihe.

Der Schwierige

Der Jahresbeginn wird nicht durch gute Vorsätze wertvoll, sondern durch gute Aktionen. Dieses Ritual stellt hohe Anforderungen, aber es verspricht auch großen Gewinn.

Ich lege mir eine mentale Liste mit jenen Menschen an, die mir im vergangenen Jahr Schwierigkeiten bereitet haben, im Verhältnis zu denen es offene Rechnungen, Unsicherheiten, Missverständnisse oder Missstimmungen gibt. Ich entscheide mich für eine Person, zu der ich gern eine bessere Beziehung hätte. Dann setze ich mich an einen ruhigen Platz und schreibe an diese Person einen Dankesbrief. Ich tue das in dem Bewusstsein, dass es auch in schwierigen Beziehungen viele positive Aspekte gibt, die gewürdigt werden sollten.

Die erste Version des Briefes dient dem Anwärmen. Ich schreibe fünfzehn Minuten lang ohne Pause alles auf, was mir in den Sinn kommt. Auf diese Weise entsteht eine Art Materialsammlung, auf die ich später zurückgreifen kann. Anschließend schreibe ich eine zweite, überarbeitete Version und entscheide dann, ob ich den Brief tatsächlich abschicken will, oder ob er als Katalysator bei mir bleiben soll. Seine wichtigste Funktion besteht darin, meinen eigenen Groll aufzulösen. Ich versuche, aus einem für mich schwierigen Menschen einen Freund zu machen.

Variation für Gruppen: Jeder wählt sich einen Teilnehmer aus, den er aus irgendeinem Grund für schwierig hält, und schreibt ihm einen kurzen Dankesbrief, der genau zehn Sätze umfassen soll.

Kerzenritual zum Jahresende

Dieses Ritual ist für die dunkle Jahreszeit bestimmt und kompensiert den Lichtmangel mit dem warmen Licht von Kerzen. Der psychologische Sinn: Am Jahresende danke ich für die wichtigen Dinge, die mir im abgelaufenen Jahr geschenkt wurden bzw. die mir geglückt sind. Besonders bewegend ist dieses Ritual, wenn sich mehrere Personen dafür zusammenfinden. Denn positive Gefühle sind ansteckend und verstärken sich wechselseitig.

Wir können dieses Ritual mit unserem Partner, mit unseren Kindern, mit der Großfamilie und mit Freunden praktizieren. Es passt aber auch sehr gut in den Rahmen einer Gruppe.

Folgende Utensilien brauchen wir dafür: einen kleinen Tisch, der als Altar dient, und eine Packung Teelichter. In der Mitte des Altars soll eine größere Kerze brennen, an der die Teelichter später entzündet werden können.

Das Ritual läuft folgendermaßen ab: Jeweils eine Person ergreift die Initiative und drückt ihre Dankbarkeit für ein wichtiges Geschenk aus, das sie im ablaufenden Jahr erhalten hat. Wichtig ist, dass es sich um etwas handelt, was für sie von großer emotionaler Bedeutung ist. Das Geschenk sollte ausreichend erläutert werden, damit die anderen seine Bedeutung nachvollziehen können.

Wenn er zu Ende gesprochen hat, zündet der Betreffende an der brennenden Kerze ein Teelicht an und stellt es auf den Altar. Dann ist der Nächste an der Reihe.

Im Laufe der Zeit brennen immer mehr Lichter auf dem Altar und symbolisieren die positiven Emotionen, die durch die ausgedrückte Dankbarkeit entstanden sind.

Zum Abschluss fassen die Teilnehmer einander bei den Händen oder nehmen sich in die Arme und wünschen sich gegenseitig ein gutes nächstes Jahr...

Reflexion zum Neuen Jahr

Dies ist eine strukturierte Rückbesinnung auf das vergangene Jahr, inspiriert durch die japanische Methode des Naikan.

Jeder Teilnehmer bekommt eine Kopie des Arbeitsblatts «Reflexion zum Neuen Jahr», um zu Jahresbeginn die einzelnen Aufgaben abarbeiten zu können. Dabei geht es um drei Dinge:

- Wir bedanken uns für die Geschenke des Lebens...
- Wir würdigen die Hilfe, die wir anderen haben zukommen lassen...
- Wir erinnern uns an unsere eigenen Schwächen, Versäumnisse und Fehler...

Um das Potenzial dieses Rituals anzudeuten, können Sie in der Gruppe eine der im Teilnehmermaterial genannten Aufgaben bearbeiten lassen, z. B. Nr. 2 oder Nr. 9.

Teilnehmermaterial

REFLEXION ZUM NEUEN JAHR

1. Denk an deine Mutter, an deinen Vater und an andere Menschen, die dich im letzten Jahr unterstützt und gefördert haben.
2. Konzentriere dich auf jemanden, zu dem du im vergangen Jahr ein gespanntes Verhältnis hattest. Was hast du von dieser Person bekommen? Was hast du dieser Person gegeben? Welche Schwierigkeiten hast du dieser Person bereitet? (Wenn dir diese Aufgabe unangenehm sein sollte, zeigt das möglicherweise, wie wichtig es ist, dass du dich ihr unterziehst.)
3. Leg ein Verzeichnis an mit fünfzig Dingen, die du im vergangenen Jahr bekommen hast – ohne Gegenleistung und ohne dich zu bedanken. (Es kann sich um echte Geschenke handeln, aber auch um Dinge, die du dir einfach angeeignet hast, um Dinge, die du benutzt hast, ohne dafür zahlen zu müssen.)
4. Leg eine Liste an mit zehn wichtigen Hilfestellungen oder Gefälligkeiten, in deren Genuss du im letzten Jahr gekommen bist.
5. Reflektiere über die Unannehmlichkeiten und Schwierigkeiten, mit denen du andere im vergangenen Jahr belastet hast.
6. Denke über die harmlosen und weniger harmlosen Lügen nach, auf die du im letzten Jahr zurückgegriffen hast.
7. Denke über deine Sprache nach: Wann und zu wem hast du im vergangenen Jahr kritisch, herabsetzend, verächtlich gesprochen? Wen hast du mit deinen Worten verletzt?
8. Erinnere dich an die Dinge, die dir im Alltag gedient haben: Was hast du gedankenlos benutzt, nachlässig, aggressiv, sorglos?
9. Was hast du im letzten Jahr gelernt? Von wem hast du gelernt? Leg eine Liste an mit allen Menschen, die für dein Lernen wichtig waren, persönlich, beruflich und spirituell.
10. Schreibe mindestens drei Dankesbriefe an Menschen, die im vergangenen Jahr aktiv für dein Wohl gesorgt haben.

Glückssteine

Nicht nur Diamanten, sondern auch ganz gewöhnliche Kieselsteine können etwas Besonderes für uns sein. Wir bewundern ihre Kristallstruktur, ihre Farbe, ihren Glanz, ihre Härte. Wir empfinden Ehrfurcht vor ihrem Alter und ihrer Widerstandskraft. Manchmal beneiden wir sie um ihre Dauerhaftigkeit. Jedenfalls eignen sie sich gut für verschiedene Rituale. In diesem Fall sollen sie uns als Glückssteine dienen und uns helfen, häufiger Dankbarkeit zu empfinden und dadurch häufiger glücklich zu sein.

Das Ritual beginnt damit, dass jeder irgendeinen kleinen Stein mitbringt, den er gut in der Hosentasche, im Jackett oder in der Handtasche bei sich tragen kann. Das kann ein kleiner Bachkiesel sein, ein vom Meer rund geschliffener Sedimentstein oder ein polierter Halbedelstein. Das Ritual startet mit einer Suchaktion. Die Gruppenmitglieder stehen mit geschlossenen oder verbundenen Augen um einen Tisch herum. Die mitgebrachten Steine liegen auf dem Tisch und werden vermischt. Nach einer Minute gehen alle gleichzeitig auf die Suche nach «ihrem» Stein. Das muss nicht der Stein sein, den jeder selbst mitgebracht hat. Die Idee ist vielmehr: Ich lasse mich von meinem Stein finden. Dazu ertaste ich verschiedene Steine, bis ich das Gefühl habe, den Stein in der Hand zu halten, der zu mir gehört. Ich nehme diesen Stein an mich, immer noch mit geschlossenen Augen und fange an, mich mit ihm anzufreunden, denn dieser Stein soll künftig eine wichtige Rolle für mich spielen.

Wenn jeder seinen Stein gefunden hat, können alle wieder die Augen öffnen und schweigend ihre Steine betrachten. Dann schreibt jeder einen kurzen Brief an seinen Stein, der von nun an die Aufgabe hat, ihm als Glücksstein zu dienen.

In dem Brief erzähle ich von mir:

- Bin ich ein Pechvogel, Glückskind oder wie würde ich mich sonst beschreiben?
- Wie weit habe ich es in der Kunst des Dankens gebracht?

Freiwillige können ihren Brief in der Gruppe vorlesen.

Zum Abschluss sollten Sie erklären, wie ein Glücksstein im Alltag benutzt werden kann: Immer wenn wir unseren Glücksstein berühren, nehmen wir uns einen Augenblick Zeit, um an etwas zu denken, wofür wir dankbar sind. Dankbarkeit hilft uns, zu einem stabilen Glücksgefühl zu gelangen.

Besonders hilfreich sind Glückssteine in folgenden Situationen:

- wenn wir einen Mangel an Energie empfinden;
- wenn wir aufgeregt sind;
- wenn wir jemandem grollen;
- wenn wir uns einsam fühlen.

Vierundzwanzig Stunden Glück

Für viele ist dies ein aufregendes und bewegendes Ritual. Wir sollten es deshalb nur in großen Abständen, also etwa ein Mal im Jahr, durchführen und zwar so:

Ich setze mich an einen Platz, wo ich ungestört bin und in Ruhe schreiben kann. Ich entzünde eine kleine Kerze (z. B. eine Tortenkerze). Diese Kerze ist ein Symbol für das Erlebnis, um das es bei diesem Ritual geht: Ich stelle mir vor, dass ich nur noch 24 Stunden zu leben habe.

Jetzt mache ich einen Plan. was ich in diesen letzten 24 Stunden meines Lebens tun möchte. Ich gebe diesem Plan die ästhetische Form eines Listen-Gedichts. In jeder Zelle beschreibe ich ein Vorhaben, das mir wichtig ist.

Ich habe die Chance, in diesen letzten 24 Stunden meines Lebens ein besonderes Glück zu erleben und habe gleichzeitig zum letzten Mal Gelegenheit, meine Dankbarkeit auszudrücken. Ich bemühe mich, die Dramatik der Situation nicht durch den Gedanken an ein Jenseits zu entschärfen, denn nur so habe ich die Chance, klar zu erkennen, woran mein Herz hängt. Ich höre mit dem Schreiben auf, wenn die Kerze abgebrannt ist (bzw. spätestens nach 30 Min.).

Dieses Ritual kann ungemein positive Auswirkungen haben. Empfehlen Sie den Teilnehmern, ihre Gedichte ein halbes Jahr bei sich zu tragen.

Hitliste – rückwärts

Gerade in schwierigen Zeiten, wenn Krisen und Katastrophen uns heimsuchen, ist Dankbarkeit von großer Bedeutung. Gemeint sind all die Dinge, die zwar wichtig sind, oft aber von uns übersehen oder vergessen werden.

In diesem Ritual sollen zehn meist vergessene Gaben in einer Liste zusammengestellt werden, die mich daran erinnern kann, dass sich in den Selbstverständlichkeiten des Lebens oft die kostbarsten Geschenke verbergen, wie z. B.:

- Ich bin dankbar, dass ich ohne Schmerzen atmen kann.
- Ich bin dankbar, dass ich die magische Fähigkeit habe, zwischen dem Duft einer Rose und dem Duft eines Maiglöckchens unterscheiden zu können.
- Ich bin dankbar für die Fähigkeit, Ja und Nein sagen zu können.
- Ich bin dankbar für die seelische Energie, meinen Feinden vergeben zu können etc.

Secret Service

Wir können das Gefühl der Dankbarkeit stärker erleben, wenn wir häufiger etwas für andere tun. Dabei ist es wichtig, dass unsere Hilfsbereitschaft manchmal auch jemandem zugute kommt, für den wir anonym bleiben. Es geht dabei um eine Hilfestellung oder Dienstleistung, für die ich keinerlei Anerkennung bekomme und von der ich selbst keinen direkten Nutzen habe. Meine gute Tat sollte also möglichst unerkannt vonstatten gehen. Sie braucht jedoch kein großes Opfer an Zeit oder Geld zu erfordern. Ich habe es richtig gemacht, wenn der Empfänger sich verdutzt fragt, ob es tatsächlich gute Feen, Heinzelmännchen oder Schutzengel gibt.

In der Gruppe können Sie das kleine Ritual des «Secret Service» wie folgt vorbereiten: Die Teilnehmer kommen immer zu viert zusammen und überlegen eine halbe Stunde mögliche Aktionen, die sich für einen solchen «Secret Service» eignen.

Außerdem können Sie die Gruppe einladen, (wenn es sich um ein längeres Seminar handelt) sich gegenseitig solche wohlwollenden Geheimaktionen zukommen zu lassen. Vor dem Abschied können Sie dann gemeinsam untersuchen, wie sich dieses Ritual ausgewirkt hat.

4 Dankbarkeit und Spiritualität

Dankbarkeit ist in der Sphäre früher Religiosität entstanden. Unsere Vorfahren waren den höheren Mächten dankbar, wenn sie sich auf den Wechsel der Jahreszeiten verlassen konnten, wenn das Wild fruchtbar war und sie genügend Tiere fanden, die sie jagen konnten. Als die frühen Menschen dann sesshaft wurden und damit anfingen, Vieh zu züchten und die Früchte des Feldes zu kultivieren, verstärkte sich das menschliche Bedürfnis, den Göttern für ihre Großzügigkeit zu danken. So kann man sagen, wo wir Religion finden, dort finden wir auch Dankbarkeit. Alle Menschen, die an Gott oder an höhere Mächte glauben, drücken ihre Dankbarkeit in Ritualen und Gebeten aus. Dankbarkeit ist ein religiöses Urgefühl. Es kommt in den Opferritualen der Tempel, in alten Gebeten, in der religiösen Lyrik und in frommer Musik zum Ausdruck.

Nach Auffassung des Theologen Karl Barth ist die ursprüngliche Antwort des Menschen auf das göttliche Wirken nicht Angst und auch nicht Schuld, sondern Dankbarkeit.

In der Mystik gibt es spirituelle Traditionen, die das Dankgebet als Königsweg zu Gott empfehlen. Aber auch im jüdischen Glauben spielt Dankbarkeit eine besondere Rolle und dasselbe gilt für den Islam wie für den Sufismus: Der Gläubige ist dankbar für die Gaben Gottes und der erleuchtete Gläubige ist dankbar für die Möglichkeit, Dank zu empfinden und auszudrücken. Wenn wir uns den östlichen Philosophien, insbesondere dem Buddhismus zuwenden, dann finden wir auch dort die Betonung von Dankbarkeit. Wer um Erleuchtung bemüht es, dem geht es um die zentralen Tugenden von Dankbarkeit, Liebe, Hilfsbereitschaft, Loyalität, Gerechtigkeit und Wahrheit.

Selbst im Leben kirchenferner Menschen hat Dankbarkeit ihre Bedeutung. Sie hilft uns, an eine geordnete, sinnvolle Welt zu glauben.

Der Benediktinermönch Bruder David gibt drei einfache Ratschläge:

- Wach auf, sei wachsam, rechne mit Überraschungen!
- Lobe Gott und danke ihm!
- Entdecke, wie wunderbar das Leben ist!

Glück kommt von innen

Solange uns der Gedanke an unseren Tod sehr fern liegt, fühlen wir uns verhältnismäßig unabhängig und unverletzlich. Von Menschen mit lebensbedrohlichen Krankheiten oder schweren Traumata wissen wir, dass sie ihr Leben aus einem ganz neuen Blickwinkel betrachten. Ihre Prioritäten ändern sich und sie entdecken ihre Dankbarkeit neu. In dem folgenden Experiment verändern wir unsere Erlebnisperspektive durch einen Kunstgriff, um den Teilnehmern die Quelle ihrer inneren Weisheit zu erschließen.

Stell dir vor, Du wärst sehr alt, ungefähr einhundertzehn Jahre. Du schaust auf ein langes Leben zurück und hast herausgefunden, worauf es im Leben ankommt. Nimm dir eine Viertelstunde Zeit, um dir selbst einen Brief zu schreiben. Denk dabei an die Persönlichkeit, die du heute bist. Gib dir selbst Rat und Empfehlungen, was du tun kannst, um in den Jahren, die noch vor dir liegen, mehr Glück zu erleben.

Sei in deinem Brief möglichst konkret. Sprich zu deinem jüngeren Ich, was es tun soll, wie es seine Zeit einteilen soll, wie es mit anderen Menschen umgehen soll.

Dieses Experiment kannst du regelmäßig wiederholen. Hebe deine Briefe an dich selbst an einem sicheren Ort auf. Dann hast du später Gelegenheit zu überprüfen, ob du dich an die Empfehlungen deiner eigenen inneren Weisheit gehalten hast. (30 Min.)

Auswertung in Quartetten.

Der letzte Brief

Das Bewusstsein des Todes gibt uns die Chance, weiser zu werden. Je deutlicher wir unsere Vergänglichkeit erkennen, desto klarer können wir Wichtiges von Unwichtigem unterscheiden.

In diesem Experiment wenden wir uns aus dem Jenseits an die Menschen, die wir lieben und die wir auf der Erde zurückgelassen haben. Wir schenken ihnen eine Art spirituelles Testament.

Stell dir vor, deine Zeit auf Erden ist abgelaufen ist und du bist jetzt in der Welt des Geistes. Alle Weisheit der Welt ist dir nun zugänglich. Du erkennst, dass dich einige deiner Ideen, deiner Lebensregeln, deiner Verhaltensweisen in die Irre geführt haben. Andererseits erkennst du in der himmlischen Welt, in der du jetzt bist, einige zentrale spirituelle Wahrheiten. Diese Weisheit verdankst du dem Umstand, dass du beim Eintritt in die Welt des Geistes in einem heiligen Becken getauft wurdest, das dir eine besondere spirituelle Kraft verlieh:

- Du bist hellsichtig geworden.
- Du verfügst über unkonventionelle Einsichten.
- Du verfügst über besondere Kreativität.
- Du kannst dich ganz neu ausdrücken.
- Du kannst deine alten Überzeugungen und Wünsche auf ungeahnte Weise verändern.

Zur Feier deiner Erleuchtung darfst du noch einmal zur Sphäre der Menschen Kontakt aufnehmen und mit den Personen in Verbindung treten, die du am meisten liebst: mit deinen Kindern, deinem Partner, deinen Eltern und Freunden. Du kannst das tun, indem du einen Brief schreibst. Darin sollst du erzählen, was du im Jenseits gelernt hast. Gib all das weiter, was dir besonders wichtig erscheint, wenn Menschen nach Glück streben, nach Erleuchtung und Weisheit.

Schreib nun diesen Brief und nimm dir dafür dreißig Minuten Zeit. Schreib ohne Pausen und Unterbrechungen und notiere alles, was dir durch den Sinn geht.

Wenn du deinen Brief beendet hast, bekommst du einen Umschlag. Darin kannst du den Brief an dich selbst abschicken. Wenn er dich erreicht, dann lies ihn so, als ob es der Brief eines lieben Menschen wäre, dem es um dein Wohl geht.

Mal dir aus, was geschehen wird, wenn du den Empfehlungen folgst und bewahre den Brief gut auf.

Überleg dir einen besonderen Termin, an dem du den Brief wieder liest, vielleicht deinen Geburtstag oder das Jahresende.

Begründe eine Tradition, indem du ein Mal im Jahr einen solchen Brief schreibst, damit du weise und glücklich werden kannst.

Tempel der Weisheit

Unser Lebensweg ist nicht immer sicher und erfreulich. Oft stolpern wir über ungeahnte Hindernisse. Zum Glück hat jeder von uns einen imaginären Begleiter, der uns hilft, uns immer neu zu orientieren. Vielleicht ist das ein Schutzengel, ein weiser Großvater oder ein Schamane.

Dein persönlicher Begleiter öffnet dir die Augen für Einsicht und Intuition und er ist in der Lage, dich an Plätze zu führen, wo du dich ausruhen kannst und Erleuchtung erlebst. Dein innerer Begleiter kann dich auch zum Tempel der Weisheit führen, wenn du dich in die folgende Meditation versenkst.

Setz dich bequem hin und schließ die Augen. Atme ein Mal langsam aus. Lass dir einen Augenblick Zeit, um auf deinen inneren Begleiter zu warten. Stell dir vor, dass diese fürsorgliche und liebevolle Person nun neben dir steht...

Bitte deinen Begleiter, dir zu helfen und dich zu unterstützen, wenn du selbst unsicher bist über den Weg, den du gehen sollst. Bitte deinen Begleiter, dich zum Tempel der Weisheit zu führen.

Stell dir vor, dass dein Begleiter dich bei der Hand nimmt und dich führt. Bemerke, wie du dich fühlst, wenn du einen Begleiter an deiner Seite hast.

Vielleicht sagt dein Begleiter auch ein paar Worte zu dir... Höre aufmerksam zu und achte darauf, dass du im selben Rhythmus gehst, wie dein Begleiter.

Wenn du im Tempel der Weisheit angekommen bist, dann bedanke dich bei deinem Begleiter für seine Führung. An diesem Platz bist du vollständig sicher und hier kann dir nur Gutes geschehen. Bitte darum, dass du in dieser Atmosphäre der Ruhe ebenfalls an Weisheit zunimmst.

Vielleicht wird es dir gegeben, dass dir eine wichtige Frage einfällt, die dich motiviert... Vielleicht bekommst du hier ein Mantra geschenkt... Vielleicht bekommst du hier eine Einsicht... eine Antwort...

Vergiss nicht, im Tempel der Weisheit dafür zu danken, dass du die Fähigkeit hast, zwischen Wichtigem und Unwichtigem zu unterscheiden. (3 Min.)

Komm nun zurück und öffne die Augen.

Auf diese Meditation kannst du in Zeiten der Anspannung und der Unsicherheit zurückgreifen, wenn du dir neue Impulse für dein Leben wünschst.

Sinnsuche

Wer glücklich sein möchte, der muss bereit sein, immer wieder neu nach dem Sinn seines Lebens zu fragen, denn die Suche nach dem Sinn ist nie abgeschlossen. Es ist ein Prozess, der uns in Abständen immer wieder beunruhigt und fasziniert. Die Einsichten, die wir dabei gewinnen, sind oft überraschend, aber immer anregend.

Mach es dir auf deinem Platz bequem und schließ die Augen. Atme ein Mal langsam aus. Danke dafür, dass du diesen Augenblick der Ruhe erleben darfst.

Stell dir vor, dass du auf einem Weg stehst, der in einem Tal beginnt und auf einen heiligen Berg führt. Du beginnst mit dem Aufstieg. Alles um dich herum ist ruhig und still. Dein Weg ist sicher und du bist zuversichtlich, dass sich deine Mühe lohnt.

Ab und zu kannst du eine Pause einlegen, um deinen Körper zu spüren und um die Welt um dich herum zu betrachten. Sei offen für alle Botschaften, Zeichen und Symbole. Dein Fragen nach dem Sinn, nach der Wahrheit und der richtigen Richtung kann auf sehr verschiedene Weise beantwortet werden:

- durch ein Wort...
- durch ein Tier...
- durch ein heiliges Bild...

Wandere weiter mit leichten Schritten und voller Hoffnung. Danke für diese Wanderung auf den heiligen Berg und für alles, was du dabei geschenkt bekommst. (5 Min.)

Und nun kehre zurück und öffne die Augen

Du kannst diese Wanderung in Abständen wiederholen. Sei sicher, dass du dabei immer etwas Neues entdecken wirst.

Anfang und Ende

In allen Religionen finden wir die Geschichte von Tod und Auferstehung: das Alte vergeht und das Neue wächst heran. Auch die Götter sterben und werden wiedergeboren. In der Natur erleben wir dasselbe und in unserem Seelenleben ist es nicht anders.

Lass dich von dem Mythos von Tod und Auferstehung inspirieren. Nimm dir ein Blatt Papier und schreibe all die Dinge auf, die in deinem Leben absterben, weniger werden, weniger wichtig sind, Dinge, die dich nicht mehr so stark interessieren, die du aufgeben kannst. Vielleicht sind das Tätigkeiten, vielleicht sind das Personen, Überzeugungen oder politische Standpunkte. Lass dir dafür zehn Minuten Zeit.

Nun leg eine zweite Liste an. Zähle darin die Dinge auf, die in deinem Leben gerade neu entstehen, die auftauchen oder wiederkehren, die wichtiger werden oder mit denen du dich immer mehr anfreundest. Lass dir für diese Liste wiederum zehn Minuten Zeit.

Und nun wähle dir aus jeder Liste ein Detail, das dich besonders interessiert. Schreib zehn Minuten lang, welche Rolle dieses Detail in deinem Leben spielt. Gibt es einen Zusammenhang zwischen dem, was kommt und was geht? Welche Gefühle begleiten bei dir diese Entwicklung?

Austausch in Quartetten.

Mein spirituelles Credo

Albert Einstein, der Schöpfer der Relativitätstheorie, hat sich immer wieder mit philosophischen und spirituellen Dingen beschäftigt. Er hatte eine besondere Begabung, seine Ideen auf unvergessliche Weise zuzuspitzen. Dazu gehört auch folgende Einsicht: «Die wichtigste Frage, die wir uns stellen können, lautet: Ist dies eine freundliche Welt?»

In dieser Übung können die Teilnehmer sich mit ihren Grundüberzeugungen auseinandersetzen. Jeder von ihnen bekommt eine Kopie des Teilnehmermaterials «Mein spirituelles Credo»

Die Teilnehmer haben zehn Minuten Zeit, um die Fragen schriftlich zu beantworten. Anschließend kommen sie in Quartetten zusammen und tauschen sich aus.

Teilnehmermaterial

MEIN SPIRITUELLES CREDO

1. Wie lautet(e) das spirituelle Credo deines Vaters?
   Wofür ist/war er dankbar?

2. Wie lautet(e) das spirituelle Credo deiner Mutter?
   Wofür ist/war sie dankbar?

3. Wie lautet das spirituelle Credo deiner Partnerin/deines Partners?
   Wofür ist sie oder er dankbar?

4. Wie lautet dein eigenes spirituelles Credo?
   Und wofür bist du selbst dankbar?

Mein spirituelles Profil

In den mittleren Jahren, zwischen vierzig und fünfzig, gewinnt die Frage nach dem Sinn des Lebens an Bedeutung. Wir entdecken die Kürze unseres Lebens und die Veränderungen, die uns die vergehende Zeit aufzwingt. Einige erleben das als Sinnkrise, andere erblicken darin die Chance, die eigenen Lebensziele zu überprüfen und ihre Prioritäten neu zu ordnen.

In dieser Übung werden die Teilnehmer aufgefordert, sich mit der eigenen spirituellen Position zu beschäftigen. Sie bekommen eine Kopie des Teilnehmermaterials «Mein spirituelles Profil» und haben dann fünfzehn Minuten Zeit, die Fragen schriftlich zu beantworten.

Teilnehmermaterial
MEIN SPIRITUELLES PROFIL

1. Welche Weisheitstradition zieht dich an (die christliche, buddhistische, sufistische, hinduistische, muslimische, sokratische etc.)?

2. Wohin würdest du gern pilgern?

3. Welche Frage würdest du gern mit einem spirituellen Meister erörtern?

4. Welche Rolle spielt Dankbarkeit in deinem Leben?

5. Wer hat Dankbarkeit für dich vorbildlich verkörpert?

6. Auf welche Weise drückst du deine existenzielle Dankbarkeit vor allem aus?

7. Wofür bist du besonders dankbar?

Spiritueller Briefwechsel

Dies ist eine klassische spirituelle Aufgabe, die besonders an Wendepunkten des Lebens oder des Jahres Hoffnung und Optimismus geben kann.

Stell dir vor, es gäbe eine göttliche Post und du wärst berechtigt, Gott einen persönlichen Brief zu schreiben. Dein Brief wird Gott erreichen, er wird ihn lesen und er wird dir mit einem göttlichen Schreiben antworten. Beachte bei diesem Experiment bitte Folgendes:

- Richte deinen Brief an Gott (an eine höhere Macht, an die Kräfte der Natur, an den Kosmos, an einen Heiligen, an einen Religionsstifter oder an irgendeine höhere Instanz, an die du glaubst.)
- Bedanke dich in diesem Brief für alles, was du Gott oder der höheren Macht verdankst, womit er/sie dich beschenkt hat
- Wenn du irgendeine Frage oder Beschwerde hast, kannst du dies ebenfalls aufschreiben. (15 Min.)

Gönn dir eine kurze Pause, wenn du deinen Brief geschrieben und signiert hast.

Dann unternimm einen neuen Anlauf und verfasse das «göttliche» Antwortschreiben. (15 Min.)

Danke deinen Lehrern!

Wir erhöhen unsere Chance auf Glück, wenn wir jenen Menschen Respekt erweisen, von denen wir Entscheidendes gelernt haben.

Wer waren deine wichtigsten Lehrer? Waren das Familienmitglieder, Freunde, Vorgesetzte, Pfarrer oder Psychotherapeuten? Vielleicht waren das aber auch Kinder oder stumme Freunde, wie z. B. dein Hund oder dein Pferd. Vielleicht war das ein Gegner oder Rivale, Menschen, die du nicht gemocht hast.

Nimm ein Blatt Papier und erinnere dich an sie. Schreib ihre Namen auf und notiere die speziellen Qualitäten, die diese Menschen ausgezeichnet haben. Notiere auch, was du von diesen Menschen gelernt hast. Wie war es möglich, dass du etwas von ihrer Weisheit oder ihren Stärken aufnehmen konntest?

Entscheide dich nun für einen deiner Lehrer und drücke deine Dankbarkeit in einem Brief aus.

Du kannst später entscheiden, ob du diesen Brief für dich behalten, abschicken oder in nächster Zeit persönlich überbringen möchtest.

Dieses Ritual stammt von Martin Seligman, der es mit vielen Studenten getestet hat. Die positiven Auswirkungen waren überwältigend. Die Teilnehmer an seinen Kursen berichteten, dass sie anschließend in der Lage waren, ihr Leben intensiver zu genießen. Sie erlebten mehr Selbstachtung, mehr Optimismus, größere Widerstandskraft in Krisen, stärkere Vitalität. Außerdem erhielten ihre Beziehungen neuen Elan.

Wer ist weise?

Dankbarkeit und Weisheit hängen eng zusammen. In allen Kulturen wird der weise Mensch so dargestellt, dass er sich um soziale Tugenden bemüht. Er ist friedfertig, er ist versöhnungsbereit, er hat Verständnis für die Pechvögel und Unglücksraben, er ist dankbar und liebevoll.

Mancher glaubt, dass Weisheit eine Spezialdisziplin ist, in der sich Asketen, Heilige oder Mönche üben. Diese Anschauung ist nur zum Teil richtig. Wir können immer wieder beobachten, dass ganz alltägliche Menschen und sogar schon kleine Kinder zu weisen Handlungen fähig sind. Weisheit ist nur in geringen Maß an Bildung oder Wissen gebunden. Sie ist vielmehr die Sprache des Herzens.

Die folgende Übung ist sehr einfach und regt die Teilnehmer an, über den Zusammenhang zwischen spirituellen Tugenden und Weisheit nachzudenken.

Kinder wünschen sich weise Großeltern und oft hätten sie die eigenen Eltern auch gern etwas weiser. Sie schätzen an der Weisheit, dass diese Menschen sich von den Extremen fernhalten, dass sie eine gute Stimmung verbreiten, Verständnis zeigen und plausible Ideen haben, wie sie mit den Überraschungen und Schwierigkeiten des Lebens fertig werden können. Vielleicht besteht eine unserer Lebensaufgaben darin, im Laufe der Zeit Weisheit zu entwickeln, um besser in der Lage zu sein, die Entwicklung der nachrückenden Generation hilfreich zu begleiten. Außerdem fürchtet der Weise seinen Tod nicht so sehr.

In dieser Übung sollen Männer und Frauen getrennt voneinander arbeiten. Die Männergruppe trägt Ideen zusammen, die sich mit der Frage beschäftigen:

- Woran erkennt man einen weisen Mann?

Die Frauen stellen sich die Frage:

- Woran erkennt man eine weise Frau?

Die Aufgabe dient verschiedenen Zielen:

1. Wenn ich die Weisheit eines Menschen erkenne, dann erhöhe ich meine Chance, mit ihm in Kontakt zu treten.
2. Ich bekomme vielleicht Hinweise, was ich selbst tun kann, um weise zu werden.
3. Ich verliere meine Scheu vor weisen Menschen bzw. vor diesem Ideal, wenn ich erkenne, welche alltäglichen Charakterstärken zu ihrer Weisheit beitragen.

4. Ich bekomme vielleicht Einsichten zu der Frage: Ist Weisheit eine übergreifende menschliche Qualität oder gibt es geschlechtsgebundene, spezifische Ausprägungen?

Die Gruppen benötigen dreißig bis fünfundvierzig Minuten Zeit, um an dem Thema zu arbeiten. Im anschließenden Plenum berichten die Gruppen über ihre Einsichten.

Die Übung vertieft das Verständnis zwischen den Geschlechtern. Dabei erzeugt die Trennung der Geschlechtergruppen eine emotionale Spannung, die Neugier und Kreativität verstärkt.

Expressive Bewegung

Im Rahmen dieser Übung haben zwei Gruppen die Aufgabe, je ein expressives Ritual zu erfinden. Oft leidet die Gruppenarbeit daran, dass zu viel geredet und zu wenig erlebt wird. Diese Gefahr wird hier auf eine interessante Weise gebannt.

Die Übung hat folgende Struktur: Männer und Frauen arbeiten getrennt voneinander. Auf eine ausgedehnte Planungsphase folgt eine Realisierungsphase, in der jede Teilgruppe ihr Ritual durchführt. Die andere Gruppe ist dabei teilnehmender Beobachter.

Die Gruppe wird mit der Aufgabe vertraut gemacht. Sie soll sich ein wortloses Ritual ausdenken, bei dem expressive Bewegung das Sprechen ersetzt. Das Thema lautet: Wir danken den höheren Mächten, die es gut mit uns meinen.

Um ein solches Ritual zu erfinden, wird sich die Gruppe aufteilen in eine Männergruppe und eine Frauengruppe. Wenn das nicht möglich ist, soll die gesamte Gruppe ebenfalls geteilt werden, damit mindestens zwei Lösungen gefunden werden.

Die Gruppen haben fünfundvierzig Minuten Zeit für die Vorbereitung. Dazu sind folgende Fragen hilfreich:

- Welche speziellen Absichten verfolgt das Ritual?
- Welche emotionalen und spirituellen Ziele sind damit verbunden?
- Welche Chancen und Belastungen entstehen für das Team?

Es kann hilfreich sein, eine Art Skript oder Storyboard für das Ritual zu entwerfen, das folgende Fragen beantwortet:

- Wie soll der rituelle Raum für die Zeremonie definiert sein?
- Welche Requisiten werden für das Ritual benötigt?
- Welcher Zeitplan soll eingehalten werden?
- Welche Schritte folgen aufeinander?

Bei dieser Gruppenarbeit sind folgende Punkte zu beachten:

1. Jedes Mitglied der Teams muss sich über seine persönliche Intention klar sein: Was sind meine Motive für diese Übung?
2. Das Ritual ist ein spirituelles Geschenk für die ganze Gruppe, aber auch für die wichtigen Menschen im Leben der Teilnehmer.
3. Das Team soll das Ritual in einer positiven Atmosphäre entwerfen und gestalten.

4. Trotz aller Planung sollte Raum bleiben zur Improvisation während des Rituals.
5. Rituale sind wie Medizin. Sie wirken am besten, wenn wir an ihre positive Kraft glauben.
6. Rituale können starke Emotionen auslösen. Das Team gibt jedem Mitglied Gelegenheit, seine Gefühle frei auszudrücken.

Als Anregung für die Vorbereitung bekommt jeder Teilnehmer eine Kopie des Teilnehmermaterials «Entwurf eines Rituals».

Teilnehmermaterial
ENTWURF EINES RITUALS

Die folgenden Schritte sind zur Orientierung gedacht. Sie können berücksichtigt werden, soweit sie dem Empfinden der Teammitglieder entsprechen.

1. Begrüßung des Teams und derjenigen, an die sich das Ritual wendet.
2. Alle Teilnehmer einigen sich auf eine rituelle Eröffnungsgeste.
3. Der Übergang in das Ritual wird markiert: Kerze anzünden, Glocke läuten, Mantra singen, Räucherwerk abbrennen…
4. Das Ziel des Rituals wird genannt.
5. Die Bitte um Schutz und Unterstützung für das Ritual wird ausgesprochen. Diese Worte können sich an eine höhere Macht richten, an einen Schutzengel, Weisheitslehrer, an innere Archetypen o. Ä.
6. Die lokalen Geister des Ortes, an dem das Ritual stattfinden soll, werden um ihre Unterstützung gebeten.
7. Von nun an wird nicht mehr gesprochen. Das Ritual folgt den geplanten Schritten. In der Regel steigt die Intensität mit der Zeit an (Crescendo-Prinzip).
8. Das Ritual wird sanft beendet. Das Tempo wird zurückgenommen, die Bewegung ebenfalls. Am Schluss verharrt das Team schweigend und jeder spürt den eigenen Empfindungen nach.
9. Eine Person sorgt dafür, dass alle Teammitglieder aus ihrer Trance ins normale Tagesbewusstsein zurückkehren. Dazu kann eine Glocke geläutet werden, die Kerzen werden gelöscht und eine Formel wird gesprochen, z. B.: «Willkommen zurück in der Realität.»
10. Die Rückkehr wird weiter erleichtert, wenn sich die Mitglieder beider Gruppen die Hände schütteln oder einander dankbar umarmen.

Tischgebet

Eine sehr alte Form des Dankens ist das Tischgebet, mit dem die gemeinsame Mahlzeit eingeleitet wurde.

Das traditionelle Tischgebet hatte immer schon die spirituelle Funktion, Gott, der Natur, sowie den Menschen Dank auszudrücken, ohne deren Arbeitsleistung wir nichts zu essen hätten. Daneben gab es immer auch eine psychologische Funktion: Das Tischgebet half uns, uns auf die Mahlzeit zu konzentrieren, unser Tempo zu verlangsamen und innere Ruhe zu finden, um die Speisen genießen zu können. Außerdem diente das Tischgebet dem Zusammenhalt derer, die um den Tisch versammelt waren. Es unterstrich die Bedeutung des Essens als gemeinschaftliches Ritual der Tischgemeinschaft.

In dieser Übung sollen die Teilnehmer in kleinen Gruppen verschiedene säkulare Tischgebete entwerfen, mit denen später bei den Mahlzeiten experimentiert werden kann.

Wir vergessen oft, wie wichtig bewusstes Essen ist. Wir sind immer in der Gefahr, zu viel oder zu wenig zu essen, die falschen Dinge auszuwählen und automatisch zu essen, statt unser Essen bewusst zu genießen. Dabei übersehen wir, dass wir bei jeder Mahlzeit mit unserem Körper kommunizieren. Wir haben die Wahl: Wir können unseren Körper beim Essen liebevoll beachten und seine Regeneration unterstützen, wir können ihn aber auch wie eine seelenlose Maschine missbrauchen. Aber das muss nicht sein.

Kommt in Quartetten zusammen und erfindet verschiedene Tischgebete, mit denen ihr euren Dank in drei Richtungen ausdrücken könnt:

- an die Kräfte der Natur, die unsere Nahrung wachsen lässt,
- an die Erde, die das Wunder des Wachstums ermöglicht,
- an all die Menschen, die am Zustandekommen jeder Mahlzeit beteiligt sind, von den Bauern auf dem Feld bis zu den Fischern auf dem Meer, von den Händlern auf dem Markt bis zu den Köchen am Herd.

Die Kunst des Bittens

Eine der psychologischen Voraussetzungen für Dankbarkeit ist die Bereitschaft, um etwas zu bitten. Vielen Menschen fällt das schwer, weil sie durch frühe Enttäuschungen verbittert sind und die Hoffnung aufgegeben haben, dass die Welt es gut mit ihnen meinen könnte.

Bitten ist eine Kunst, die geübt werden muss. Mancher glaubt, dass eine Bitte eher erhört wird, wenn man sie mit Nachdruck vorträgt. Doch das ist ein Irrtum. Häufig sorgen zu dringliche Bitten für eine emotionale Bedrängnis, sowohl beim Bittenden als auch beim Adressaten. Die leichte, nicht bedrängende Bitte hat die besten Erfolgsaussichten.

In diesem Experiment laden wir die Teilnehmer ein, die Kunst der «Bitte ohne Druck» zu erlernen.

Mach es dir auf deinem Platz bequem und atme ein Mal langsam aus. Schreibe einen einfachen Brief an jene höhere Macht, von der du dich beschützt fühlst. Schildere deine Situation und deine Schwierigkeiten, für die du dir Unterstützung erbittest. Vielleicht hast du einen Wunsch, was deine Beziehung, deine Gesundheit, deinen Job oder deine Finanzen betrifft. Vielleicht hast du auch einen Herzenswunsch für deine alten Eltern oder für einen Freund, dem es gerade schlecht geht. Und wenn du schreibst, dann lass dein Herz sprechen.

Bitte darum, dass sich die Situation so entwickelt, wie es für alle Beteiligen am besten ist.

Vielleicht möchtest du auch um eine wichtige innere Qualität bitten, vielleicht willst du deine persönliche Situation besser verstehen, vielleicht willst du lernen, deinen Groll zu begraben und zu vergeben, vielleicht willst du weniger schüchtern oder optimistischer sein.

Vielleicht möchtest du auch um das Wohlergehen deiner Familie oder deiner Firma bitten.

Bitte in jedem Fall darum, dass sich die Situation zum Besten aller Beteiligten entwickelt. (15 Min.)

Falte nun den Brief zusammen, um ihn später an einem sicheren Platz aufzubewahren. Du sollst ihn einige Zeit dort ruhen lassen, ohne darin zu lesen.

Nun kommt der wichtigste Schritt: Lass los. Vertraue deine Bitte einer höheren Macht an, bei der sie gut aufgehoben ist. Vertraue darauf, dass diese höhere Macht über jene umfassende Weisheit verfügt, die uns Menschen nicht gegeben ist.

Entspanne dich und sei dankbar. Sei dankbar dafür, dass du dich an diese höhere Macht wenden und ihr vertrauen kannst. Dass sie dich hört und für dich sorgt. Für dich, ein Sandkorn im riesigen Universum. Für dieses tröstliche Wunder darfst du dankbar sein.

Nun fasse dich in Geduld und warte ab, was in den nächsten Tagen und Wochen geschieht. Manchmal erfolgt die Hilfe des Himmels in Raten, in kleinen Schritten.

Nach ein oder zwei Monaten kannst du deinen Brief wieder hervorholen und darüber nachdenken, was aus deiner Bitte geworden ist.

5 Familie und Partnerschaft

Jeder von uns wünscht sich glückliche und friedliche Beziehungen. Leider glauben manche Menschen daran, dass sie die Partner in ihren Beziehungen kritisieren oder belehren müssen, damit diese ihre Funktion in der Beziehung korrekt erfüllen können. Diese Erwartung erfüllt sich nie. Negative Gefühle erzeugen negative Gefühle, Kritik erzeugt Kritik und so führt dieser Ansatz zu einer kontinuierlichen Verschlechterung der Beziehung. Wer sich gute Beziehungen wünscht, hat nur eine Wahl. Er muss die Menschen, die er liebt, mit Wertschätzung und Liebe überschütten. Daher gibt es ein einfaches Gesetz: Wertschätzung, die ich verschenke, kehrt zu mir zurück.

Wir Deutschen haben dafür ein sehr schönes Sprichwort, das in seiner Tragweite selten richtig verstanden wird: «Wie ich in den Wald hineinrufe, so schallt es heraus.» Dieses soziale Echo entscheidet über das Klima in Familien, in Partnerschaften, in Unternehmen und Institutionen, ja sogar in und zwischen Staaten. Zu oft glauben wir, dass unser Problem darin besteht, den passenden Partner zu finden. Genau das Gegenteil ist der Fall. Es kommt darauf an, Beziehungen zu kultivieren.

Jeder von uns hat ein starkes Bedürfnis nach Anerkennung und Wertschätzung. Und zwar wünschen wir uns das besonders von den Menschen, die wir lieben. Wenn wir von ihnen mehr Kritik als Bestätigung erhalten, dann wenden wir uns innerlich von ihnen ab. Überall gibt es ein Bedürfnis, ein positives Echo zu bekommen.

Wenn wir also an guten Beziehungen interessiert sind, dann müssen wir uns um positive Gefühle bemühen. Wir werden darauf achten:

- dass wir mehr Wertschätzung ausdrücken als Kritik,
- dass wir Fehler und Verletzungen vergeben,
- dass wir dankbar anerkennen, was andere für uns tun.

Das gilt besonders für unsere Partnerschaften, aber auch für unsere Beziehungen in der Familie.

Eine Verbeugung

In einigen Kulturen verbeugen sich die Menschen, wenn sie jemanden begrüßen, um ihren Respekt auszudrücken. Das Ritual, das wir hier vorschlagen, wird von unserem Willen gesteuert, nicht von unseren Gefühlen. Es gibt jedoch einen wichtigen Zusammenhang zwischen beidem: Wenn wir unseren Respekt häufig auf rituelle Weise ausdrücken, dann entwickeln wir ganz unwillkürlich auch Gefühle von Respekt und Wertschätzung.

Zur Übung des Rituals sollten wir allein sein. So vermeiden wir Ablenkung und Irritationen. Und wir sollten es mindestens ein Mal täglich wiederholen, in vollständiger Achtsamkeit und Konzentration:

1. Stell dich aufrecht hin und atme ein Mal langsam aus. Leg beide Hände vor der Brust zusammen, sodass die Daumen dein Brustbein berühren. Beuge Kopf und Oberkörper leicht nach vorn und sei dir dabei bewusst, dass du mit dieser Geste deinen eigenen Wert anerkennst, als Teil der unendlichen und wunderbaren Welt.
2. Sprich dabei hörbar folgende Formel: Ich empfinde in diesem Augenblick aufrichtigen Respekt für mich selbst.
3. Lass die Worte in dir nachklingen und begrüße die Gefühle, die dabei entstehen.
4. Mach nun eine zweite Verbeugung und zeige damit deine Wertschätzung für alle Menschen, die du liebst: für deinen Partner, für deine Familie, für deine Kinder, für deine Eltern und Freunde. Spüre deine Absicht, ihnen Gefühle des Respekts und der Wertschätzung zu senden.
5. Sprich dabei hörbar die Worte: Ich empfinde in diesem Augenblick aufrichtigen Respekt für alle, die ich liebe.
6. Lass diese Worte in dir nachklingen und begrüße die Gefühle, die dabei entstehen.
7. Die letzte Verbeugung gilt dem Wunder des Lebens und allen Lebewesen dieser Welt.
8. Sprich hörbar die Worte: Ich empfinde in diesem Augenblick aufrichtigen Respekt für die Kraft und das Wunder des Lebens, das uns alle umgibt.
9. Lass diese Worte in dir nachklingen und begrüße die Gefühle, die dabei entstehen.

Diese drei Verbeugungen reichen aus, um eine friedliche Pause zu schaffen, in der ich Wertschätzung, Respekt und Dankbarkeit empfinde. Ich bin dankbar dafür, dass es solche einfachen Möglichkeiten gibt, die besten Seiten in mir auszudrücken.

Für die Gruppenarbeit:

- Die Teilnehmer rücken Stühle und Tische beiseite und beginnen, im Raum herumzuwandern. Sie können sich in passenden Augenblicken dafür entscheiden, sich vor andere Gruppenmitglieder zu stellen und diese durch eine wortlose Verbeugung respektvoll zu grüßen. Der Begrüßte erwidert die Verbeugung.
- Nach zwei bis drei Minuten können die Teilnehmer ihre Verbeugung durch eine einzelne, verbale Wertschätzung ergänzen, indem sie z. B. sagen: «Ich schätze deine Anregungen... ich freue mich über deine Einfälle... ich liebe deine Fröhlichkeit...»

  Diese zweite Runde sollte nach drei bis vier Minuten beendet werden.

Liebesmeditation

Die folgende östliche Form der Liebesmeditation kann unser Repertoire an Liebesbeteuerungen bereichern.

Die folgende Meditation orientiert sich an einer uralten Struktur. Ihr Geheimnis liegt in der besonderen Mischung aus Liebe und Respekt. Wir mobilisieren dabei mehr Respekt und Wertschätzung als positives Gefühl. Dadurch ist diese Haltung weniger anfällig für Frustration und reaktiven Zorn.

Die Meditation eignet sich gut zur Übung in Gruppen. Geben Sie dazu die folgende Anleitung:

1. Mach es dir auf deinem Platz bequem und schließ die Augen. Atme ein Mal langsam aus. Gestatte dir, eine Minute lang gleichmäßig und entspannend zu atmen.
2. Formuliere im Stillen deine Absicht: Möge diese Meditation meine Liebe tiefer und großzügiger werden lassen.
3. Stell dir vor, dass du deinen Partner freundlich ansprichst und ihm ein gutes und glückliches Leben wünschst. Vielleicht möchtest du im Stillen z. B. sagen: Ich wünsche dir, dass du glücklich bist... Ich wünsche dir Gesundheit und Wohlbefinden... Ich wünsche dir Frieden und innere Ruhe... ich wünsche dir, dass du dich sicher und beschützt fühlst...
   Such dir gute Wünsche für deinen Partner aus, die zu deiner eigenen Einschätzung seiner Situation passen.
4. Und nun wiederhole bitte deine Wünsche im Stillen, liebevoll und sanft. Tu das ein paar Mal.
5. Achte nun bitte darauf, wie du dich jetzt fühlst. Akzeptiere dein eigenes emotionales Echo.
6. Beende diese Meditation mit einem stillen Dank dafür, dass du diese Möglichkeit hast, die Verbindung mit deinem Partner zu pflegen.
7. Sei dir bewusst, dass du dich dabei ganz auf das Wohlergehen des Menschen konzentrierst, den du so sehr liebst.

Ich danke dir

In den meisten Beziehungen gibt es ein Defizit an Wertschätzung, gegenseitiger Dankbarkeit und Bereitschaft zur Vergebung. Wir sind meist mehr darauf aus, etwas vom anderen zu bekommen, als etwas zu geben. Das lässt viele Beziehungen verkümmern.

Dieses schöne Ritual sollte eine Woche lang jeden Abend wiederholt werden. Danach sollten wir es in größeren Abständen durchführen, damit es sich nicht abnutzt.

Am Ende des Tages setzen sich die Partner zusammen hin. Sie danken einander abwechselnd für das, was sie an diesem Tage auf irgendeine Weise vom Partner bekommen haben. Jeder Satz beginnt mit der rituellen Formel: «Ich danke dir...»

Nachdem sich Partner A bedankt hat, kommt Partner B an die Reihe und bedankt sich. Dann folgt Partner A mit seinem zweiten Dank usw. in fünf Runden.

Dabei sollen keine Kommentare abgegeben und auch keine Fragen gestellt werden. Es werden nur Dank und Wertschätzung ausgetauscht.

Danach findet ein Wechsel statt. Jeder konzentriert sich auf etwas, womit er dem Partner Schwierigkeiten bereitet hat, wodurch er ihn verletzt oder rücksichtslos behandelt hat.

Diesmal werden die Sätze durch die Formel eingeleitet: «Es tut mir leid, dass ich...»

Für die Gruppenarbeit: Jeder Teilnehmer sucht sich einen Partner, mit dem er diese Doppelmeditation üben möchte.

Die Methode kann Wunder wirken. Sie sorgt für eine magnetische Balance, die das Geheimnis jeder guten, erotischen Beziehung ist.

Partnerintelligenz

Dies ist eine strukturierte Form der Partnertherapie, bei der jeder einen Fragebogen ausfüllt, der sechs verschiedene Themen ins Spiel bringt. Die Partner können anschließend ihre Antworten vergleichen und ihre eigene Einschätzung ausdrücken.

Der Vorteil dieser strukturierten Unterhaltung liegt darin, dass Aspekte des emotionalen Lebens angesprochen werden, die im Alltag häufig übergangen werden.

Der Fragebogen eignet sich auch für Gruppen:

1. Jeder bearbeitet den Test «Partnerintelligenz» für sich (10-15 Min.)
2. Die Teilnehmer kommen in Paaren zusammen und gehen nacheinander die Testergebnisse durch.
3. Jeder Teilnehmer überlegt sich, ob er diesen Test zu Hause mit seinem Partner erproben möchte.

Teilnehmermaterial
PARTNERINTELLIGENZ

Bitte bewerte dein Verhalten in jeder Frage nach folgender Skalierung:
0 = niemals
1 = fast nie
2 = manchmal
3 = oft
4 = sehr oft
5 = in den meisten Fällen

Block 1 - Wie lenkst du deine Gefühle?

- Bist du so geduldig, dass du dich nicht leicht ärgerst? ( )
- Beruhigst du dich nach einem Konflikt schnell, sodass du nicht lange über das Thema nachgrübelst? ( )
- Ist dir klar, dass die meisten Schwierigkeiten mit der Zeit kleiner werden, dass aber auch gute Entwicklungen sich schnell wieder verschlechtern können? ( )
- Würden andere von dir sagen, dass dir eine gute Balance gelingt zwischen Arbeit, Liebe und Spiel? ( )

Block 2 – Wie steht es um deine Empathie?

- Bist du dir im Klaren darüber, dass alles, was du tust oder sagst, eine emotionale Auswirkung auf andere hat? ( )
- Würden andere von dir sagen, dass du sensibel bist, sodass du niemanden verletzen möchtest, auch wenn du vielleicht glaubst, sie/er «verdiente» es? ( )
- Fühlen sich Kinder, Tiere und wildfremde Menschen magnetisch von dir angezogen? ( )

Block 3 – Übernimmst du emotionale Verantwortung?

- Bist du ein friedlicher Typ, der Konflikte entschärft und nicht sofort für seine Interessen kämpft? ( )
- Würden andere sagen, dass du dich nicht leicht ärgerst, sondern ausgeglichen bist? Wenn du dich einmal streitest, vermeidest du dann Anschuldigungen wie z. B.: «Sie/Er hat mich wütend gemacht»... «Das ist alles deine Schuld...» ( )
- Würden andere von dir sagen, dass du deinen Ärger nicht ausposaunst, sondern abwartest, bis er sich wieder auflöst? ( )

Block 4 – Kennst du deine Gefühle?

- Würden andere von dir sagen, dass du deine Gefühle kennst und weißt, wie sie sich auf andere auswirken? ( )
- Würden andere von dir sagen, dass du deine Gefühle gut kontrollieren kannst? ( )
- Würden andere von dir sagen, dass du deine Gefühle gut ausdrücken und mitteilen kannst? ( )
- Haben andere so viel Vertrauen zu dir, dass sie dir ihre Gefühle mitteilen, ohne befürchten zu müssen, dass du dich darüber aufregst? ( )

Block 5 – Drückst du deine Zuneigung offen aus?

- Würden andere sagen, dass du so positiv bist, dass du fremde Gefühle akzeptierst ohne Kritik? ( )
- Würden andere sagen, dass du keine Werturteile abgibst über die Gefühle anderer Menschen? ( )
- Würden die Menschen, die dich lieben sagen, dass du auch längere Zeit über eigene oder fremde Gefühle sprechen kannst, ohne das Bedürfnis, «das Problem zu lösen»? ( )
- Würdest du dich gut fühlen, wenn du der Partner wärst, der mit dir leben darf? ( )

Block 6 – Spirituelle Flexibilität

- Fällt es dir leicht, Dankbarkeit auszudrücken? ( )
- Bist du weise genug, um bei Bedarf andere um etwas zu bitten? ( )
- Kannst du darauf verzichten, nachtragend zu sein? ( )
- Kannst du menschliche Schwächen akzeptieren und leichten Herzens verzeihen? ( )
- Würden andere von dir sagen, dass du hilfsbereit bist? ( )
- Tust du Gutes, auch wenn du selbst keinen Vorteil davon hast? ( )

Selbsterforschung

Liebesbeziehungen können dadurch verbessert werden, dass die Partner ihr eigenes Verhalten aufmerksamer registrieren. Oft irritieren wir unseren Partner, ohne es zu wissen, und wundern uns dann über dessen distanzierte oder feindselige Reaktion. Wir übersehen, dass wir durch unsere eigene Unachtsamkeit eine Störung des Klimas in der Partnerschaft heraufbeschworen haben.

In dieser Übung benutzen wir die Technik der Satzergänzung, um mehr Problembewusstsein zu entwickeln. Diese Übung kann jeder für sich allein durchführen, sie ist aber auch für die Paartherapie geeignet. Dann füllen beide Partner den Fragebogen aus und vergleichen anschließend ihre Antworten. Dabei können wichtige Erkenntnisse gewonnen werden.

Entscheidend für die Qualität unserer Beziehungen ist es, dass wir

- möglichst wenig Forderungen stellen,
- es möglichst vermeiden, unsere Partner anzuklagen,
- uns in Bescheidenheit üben,

Außerdem ist Selbstkritik ein wichtiger Schritt zur Verbesserung jeder romantischen Beziehung.

Für die Gruppenarbeit: Wenn Sie mit diesem Fragebogen in einer Gruppe arbeiten, dann sucht sich jeder für die Auswertung einen Partner.

Teilnehmermaterial
SELBSTERFORSCHUNG

Sie finden hier einige unvollständige Sätze, die Sie komplettieren sollen. Denken Sie gut über Ihre Antworten nach. Dann wird Ihnen die Übung helfen, Ihre Beziehung zu verbessern und Ihren positiven Gefühlen mehr Raum zu geben.
Bitte seien Sie sich immer bewusst, dass eine langfristige Beziehung nicht nur von den spontanen Gefühlen füreinander lebt, sondern auch ein nicht endendes Entwicklungsprojekt darstellt. Liebe braucht Arbeit, dann können sich auch die empfindlichen Gefühle frei entfalten. Ohne die Bereitschaft zur Selbsterforschung scheitert jede romantische Beziehung.

1. Verliebt sein bedeutet für mich...
2. Um eine bessere Partnerin/ein besserer Partner zu werden, sollte ich...
3. Um fünf Prozent mehr Glück in meine Partnerbeziehung zu bringen, will ich...
4. Damit die Liebe in meinem Leben lebendig wird, kann ich...
5. Wenn ich darauf achte, wie ich mich fühle und was um mich herum geschieht, dann bemerke ich...
6. Wenn ich mich entspanne, dann spüre ich das Vorhandensein oder das Fehlen von Liebe daran, dass...
7. Ich bin dir dankbar dafür, dass...
8. Du bist eine wichtige Ergänzung zu meinen eigenen Stärken und Qualitäten, weil du...
9. Es tut mir leid, dass ich...
10. Bitte vergib mir...
11. Recht zu haben ist nicht das Wichtigste für mich, weil...
12. Ich möchte dich unterstützen, indem ich...

Ein Brief, den sich jeder wünscht

Hier schreiben die Teilnehmer ihrem Partner einen Brief, in dem sie ihren Dank ausdrücken. Sie untersuchen die Bedeutung ihrer Beziehung und würdigen die tiefe Befriedigung, die ihnen die Beziehung schenkt.

Dabei sollen gemeinsame Erlebnisse wie gemeinsame Träume gewürdigt werden.

Der Paartherapeut John Gottman hat im Laufe seiner Arbeit mit Paaren herausgefunden: Wenn beide Partner die gemeinsame Vergangenheit beschreiben, so lässt das Rückschlüsse auf die Entwicklung der Beziehung zu. Wenn die glücklichen Aspekte der gemeinsam verbrachten Zeit im Vordergrund stehen, wenn die Partner überwiegend positive Erinnerungen an ihr gemeinsames Leben haben, dann dürfen sie erwarten, dass auch die Zukunft positiv sein wird.

Darum ist es weise, wenn die Partner sich von Zeit zu Zeit an vergangenes Glück und angenehme Erlebnisse erinnern. Das stärkt die Verbindung und den Wunsch, weiterhin zusammenzubleiben.

In diesem Sinne beleuchtet ein Brief, in dem wir unsere Dankbarkeit ausdrücken, die positiven Aspekte der Beziehung in Vergangenheit, Gegenwart und Zukunft.

Es ist empfehlenswert, mindestens zwei Mal im Jahr einen solchen Brief zu schreiben und mit dem Partner auszutauschen.

Im Anschluss kann ein gemeinsames, von beiden geschätztes Ritual (Konzert, Wanderung, Restaurantbesuch o. Ä.) die Bedeutung dieser Aktivität unterstreichen.

Für die Gruppenarbeit: Wenn die Teilnehmer einen solchen Brief in der Gruppensitzung schreiben, dann sollten folgende Regeln beachtet werden:

- Geschrieben wird ohne Pause mindestens fünfzehn Minuten lang.
- Es wird Diskretion gewahrt, d. h. der Brief soll nicht in der Gruppe vorgelesen werden.
- Ein Austausch über den Prozess des Schreibens schließt sich an: Wie habe ich diesen brieflichen Dialog erlebt?

Liebesmeditation

Manchmal ist es hilfreich, wenn wir jeden Tag unsere Dankbarkeit ausdrücken, die wir unserem Partner gegenüber empfinden. Manchmal gibt es Gründe für eine indirekte Methode. In diesem Fall können wir unseren Dank in eine kurze Meditation einbauen.

Diese Meditation ist besonders dann hilfreich, wenn:

- *ich von meinem Partner enttäuscht wurde...*
- *ich Gefühle der Feindseligkeit bei mir bemerke...*
- *ich Rachegefühle empfinde...*
- *ich etwas nicht vergeben kann...*
- *meine Gefühle aus irgendeinem Grund erkaltet sind...*

Sie stärkt die positiven Aspekte der Beziehung und verringert den emotionalen Abstand zum Partner.

Mach es dir auf deinem Platz bequem und schließ die Augen. Atme ein Mal langsam aus.

Bekräftige die Absicht, die du mit dieser Meditation verfolgst: Ich wünsche mir, dass diese Meditation die positiven Aspekte meiner Beziehung stärkt und meine Liebe erneuert.

Atme noch einmal langsam aus.

Nun betrachte die Rolle deines Partners. Welches ist sein Beitrag zu eurem gemeinsamen Leben? Durch welche «kleinen Dinge» trägt er zu deinem Glück und deinem Wohlbefinden bei? Welche Opfer bringt er? Welche Anstrengungen unternimmt er? Über welche persönlichen Stärken verfügt er, die für dich und euer gemeinsames Leben wichtig sind?

Atme ruhig und langsam weiter, während du in der Phantasie deinem Partner zuschaust, was er Tag für Tag für dich und euch beide tut. Spüre, wie sehr du das schätzt, wie sehr du dich darüber freuen kannst...

Und nun danke deinem Partner im Stillen dafür, dass er dein Leben auf diese Weise bereichert. Sag ihm, dass seine Existenz ein Segen für dich ist und dass es dir nicht immer möglich ist, deine Dankbarkeit passend auszudrücken. Zum Schluss kannst du deinem Partner noch ein paar wesentliche Dinge wünschen, z. B.:

- ein Leben in Frieden...
- ein Leben ohne Angst...
- ein Leben in Liebe...

Und nun atme ein Mal kräftig aus und öffne die Augen in deinem eigenen Rhythmus.

Was ich nie vergessen will

Hier wählen wir eine poetische Form, nämlich das Listengedicht, um unsere Dankbarkeit dem Partner gegenüber auszudrücken.

Wie der Titel schon sagt, geht es hier darum, zurückzublicken und die Dinge wieder heraufzubeschwören, die für mich selbst und in vielen Fällen auch für den Partner gut und beglückend gewesen sind. Das können große Ereignisse sein, wie z.B. die Geburt eines Kindes, aber es kann sich auch um kleine «Highlights» handeln, die mir unvergesslich geblieben sind.

Die Form des Listengedichtes ist schlicht: Jede Zeile beginnt mir derselben Formel: «Ich will nie vergessen...»

Die Teilnehmer schreiben mindestens zehn, maximal fünfzehn Minuten ohne Unterbrechung. Sie lassen sich von den Assoziationskünsten der eigenen Erinnerung überraschen, die manchmal Dinge hervorholt, an die wir lange nicht gedacht haben.

Dieses Listengedicht ist ein schönes Geschenk für unseren Partner. Wenn es im Rahmen einer Gruppenübung entsteht, kann anschließend in Vierergruppen eine kurze Auswertung stattfinden.

Zum Geburtstag

Es genügt nicht, von Dankbarkeit zu sprechen. In einer Liebesbeziehung sollte sich unsere Dankbarkeit dadurch äußern, dass wir etwas für den geliebten Menschen tun. In dieser Übung können wir skizzieren, wozu wir bereit sind.

Die Teilnehmer verfassen ein Listengedicht, das den Titel trägt: Zwanzig Möglichkeiten, ein besserer Partner zu werden, und jede Zeile beginnt mit der Formel: Ich könnte ein besserer Partner sein, wenn ich...

Die Texte sollen möglichst ohne Unterbrechung geschrieben werden. Der Reiz besteht gerade darin, dass wir scheinbar Triviales mit Erhabenem mischen. Außerdem sorgt das schnelle Schreiben dafür, dass auch überraschende Einfälle ausgedrückt werden.

Dieses Listengedicht eignet sich gut als Geschenk zum Geburtstag oder zu irgendeinem anderen wichtigen Anlass.

In diesem Fall können die Teilnehmer ihre Texte spontan in der Gruppe vorlesen. Das schafft eine Atmosphäre von Kreativität und Freundlichkeit.

Was mich glücklich macht

Häufig wissen die Partner nur sehr unvollständig voneinander, wie der Glücksbedarf des anderen befriedigt werden kann. Oft sind es Dinge, die uns unbedeutend erscheinen, die jedoch wichtige Fundamente für das Glück des Partners sind.

In dieser Übung können die Voraussetzungen geschaffen werden, dass wir unser Herz öffnen und den eigenen Glücksbedarf offenbaren.

Die Übung hat folgende Struktur: Jeder verfasst ein Listengedicht mit dem Titel: Dinge, die mich glücklich machen...

Der Titel orientiert sich an der Schlafzimmerpoesie einer chinesischen Prinzessin, die vor über tausend Jahren gelebt hat. Sie schrieb mit ihren Hofdamen Listengedichte zu Themen wie: «Dinge, die ein heißes Gefühl geben... Dinge, die entstehen und wieder vergehen... Dinge, die einen Mann/eine Frau beglücken...» usw.

Die Arbeitszeit beträgt fünfzehn Minuten. In dieser Zeit soll möglichst ohne Unterbrechung geschrieben werden.

Jeder notiert mindestens dreißig Dinge, die ihn glücklich machen. Auf diese Weise bekommt der Partner neue Anhaltspunkte, wie er auf unsere Glücksbedürfnisse eingehen kann.

Die zugrunde liegende Glücksphilosophie ist einfach: Auf lange Sicht bekomme ich nur so viel Glück zurück, wie ich zuvor selbst gespendet habe.

Jemanden auf die Palme bringen

Dies ist die negative Version der Kunst, jemanden glücklich zu machen. Dadurch, dass all die negativen Aktionen beschrieben werden, entsteht eine Atmosphäre, die zum Lachen reizt. Sie dürfte es manchem leichter machen, auf die indirekten Vorschläge einzugehen, die bei dieser Arbeit entstehen.

Interessant ist die Arbeitsstruktur: Hier wird die Gruppe aufgeteilt in eine Männer- und eine Frauengruppe. Diese besondere Konstellation kann zusätzlich Mut machen und das Bewusstsein schärfen.

So können Sie vorgehen:

1. Die Gruppe teilt sich in eine Männer- und eine Frauengruppe.
2. Die Männergruppe stellt eine «Einkaufsliste» zusammen zu dem Thema: «Wie könnte ich meine Partnerin unglücklich machen?»
3. Die Frauengruppe stellt eine «Einkaufsliste» zusammen zu dem Thema: «Wie könnte ich meinen Partner unglücklich machen?»
4. Die Gruppen haben dreißig Minuten Zeit, um möglichst viele Einfälle zu notieren, am besten auf großen Flip-Chart-Bögen.
5. Wichtig ist, dass die Gruppen in verschiedenen Räumen arbeiten.
6. Anschließend kommen alle zum Plenum zusammen und die Gruppen stellen ihre Arbeitsergebnisse vor.

Glückliche Paare

Glückliche Paare sind dankbare Paare. Die Partner sind flexibel und kenntnisreich. Sie verstehen sich auf die Psychologie des anderen Geschlechts und geben dem Partner das, was seine Lebensfreude anregt. Auch hier sollen Männer und Frauen getrennt voneinander arbeiten, um ein delikates und wichtiges Thema in einer entspannten Atmosphäre zu bearbeiten.

Erfolgreiche Paare sorgen immer wieder für eine spielerische Atmosphäre. Diese macht es ihnen leichter, sich selbst zu korrigieren bzw. den Partner ohne Groll und vielleicht sogar mit etwas Humor auf ungeschicktes Verhalten hinzuweisen.

Die spielerische Atmosphäre hilft beiden Partnern, das Gesicht zu wahren und ab und zu neue Wege zu beschreiten. So bleibt die Beziehung lebendig und frisch.

Sie können wie folgt vorgehen:

1. Teilen Sie die Gruppe in eine Männer- und eine Frauengruppe auf und lassen Sie die Teilgruppen an gegenüberliegenden Seiten des Raumes arbeiten.
2. Die Männergruppe sammelt Einfälle zu dem Thema: Was kann ein Mann tun, um eine Frau glücklich zu machen?
3. Die Frauengruppe sammelt Einfälle zu dem Thema: Was kann eine Frau tun, um einen Mann glücklich zu machen?
4. Die Arbeitszeit beträgt zehn bis fünfzehn Minuten.
5. Wenn anschließend die Männergruppe ihre Liste vorstellt, dann sollte dies möglichst anschaulich und witzig geschehen, indem die einzelnen Ideen durch wechselnde Teilnehmer demonstriert werden. Dabei sind Übertreibung oder Untertreibung hilfreiche Stilmittel.
6. Anschließend setzt die Frauengruppe ihre Ideen ebenfalls in Szene.

Wenn die Teilnehmer sich auf diese humorvolle Art der Bearbeitung einlassen können, dann verbinden sich bei dieser Übung Spaß und Erkenntnisgewinn auf ideale Weise.

Naikan-Brief

Wir können uns nur schwer vorstellen, wie es unserer Partnerin/unserem Partner geht, die/der täglich mit uns zu tun hat: Was sieht sie/er, wenn sie/er am Morgen den ersten Blick auf uns wirft? Welche Angewohnheiten von uns empfindet sie/er als besonders ärgerlich? Was denkt oder fühlt sie/er, wenn wir mit ihr/ihm frühstücken, die Zeitung lesen oder ein Fernsehprogramm verfolgen? Was geht in ihr/ihm vor, wenn wir uns verspäten und sie/er eine Stunde auf uns warten muss? – Was empfindet sie/er, wenn sie/er von uns kritisiert wird? Wenn sie/er uns zuhört bei unseren Klagen und Beschwerden über das Leben? Wie gut fühlt sich unsere Partnerin/unser Partner von uns verstanden?

In den meisten Fällen sehen wir die Dinge aus der Perspektive des eigenen Ich. Es fällt uns schwer, die Perspektive des anderen einzunehmen. Weil wir alle so unvollkommen und egozentrisch sind, müssen wir uns immer wieder klarmachen, dass wir zu den Schwierigkeiten und Belastungen unserer Partner ganz wesentlich beitragen.

In dieser Übung versuchen wir unsere egoistische Haltung etwas zurückzunehmen und unseren Partner mehr zu würdigen. Wir tun das mithilfe eines Briefs, der in drei Stufen geschrieben wird.

Sie können der Gruppe folgende Instruktionen geben: Schreibe deinem Partner einen Liebesbrief der besonderen Art, in dem du die letzten sechs Monate eures gemeinsamen Lebens würdigst. In diesem Brief sollst du versuchen, drei Fragen zu beantworten.

- Was habe ich von dir bekommen und wofür bin ich dir dankbar?
- Was habe ich dir gegeben?
- Womit habe ich dir Schwierigkeiten bereitet, mental, emotional und ganz praktisch?

Jeder hat zwanzig Minuten Zeit, um diesen Brief zu schreiben.

Besprechen Sie mit den Teilnehmern anschließend, wie diese mit den Briefen verfahren wollen. Die Briefe müssen nicht abgeschickt werden, sondern sind eine Vorübung für einen späteren «Ernstfall».

Wenn beide Partner jedoch bereit sind, einen solchen Brief zu schreiben und ihn dann einander zukommen zu lassen, kann das ein wichtiger Schritt zu Verbesserung der Beziehung sein.

Der Mutter danken

Häufig bekommen die Mütter zu wenig Dank für all die Opfer, die sie für ihre Kinder gebracht haben. Im Gegenteil: Durch den Einfluss der Psychoanalyse hat es sich eingebürgert, dass wir die Mütter für die Schwierigkeiten im Leben ihrer Kinder verantwortlich machen. Das ist oft ungerecht und schafft überflüssiges, zusätzliches Leid. Mütter tun fast immer alles, was ihnen möglich ist; für das, was ihnen nicht gelingt, gibt es meist schwerwiegende Gründe. Meiner Meinung nach ist es besser, den Müttern einmal zu viel zu danken, als ungerechte Vorwürfe zu erheben.

Wenn wir unserer Mutter dafür danken, was sie für uns getan hat, tun wir uns selbst einen großen Gefallen. Wir verschaffen uns damit emotionale Freiheit. Nicht ausgedrückter Dank bindet uns nämlich an unsere Wohltäter.

In diesem Fall soll es um den Zeitraum unserer Kindheit gehen – um die Jahre von unserer Geburt bis zu unserer Pubertät. Bei unserem Dank an unsere Mutter wollen wir uns auf die entscheidenden Dinge konzentrieren, die sie für uns in diesem Zeitraum getan hat.

Für die Abfassung des Briefes ist eine Zeit von dreißig Minuten angemessen. Anschließend kann jeder selbst entscheiden, ob er seinen Brief abschicken will oder nicht. Der Brief sollte auch dann geschrieben werden, wenn die Mutter schon tot ist. Dann können wir ihr Grab besuchen und unseren Brief dort laut vorlesen. Auf diese Weise können Blockaden, die sonst schwer zu lösen sind, gelockert werden. Und es kann eine Tradition in der Familie entstehen, die den Eltern mehr Respekt erweist.

Mancher denkt vielleicht, dass er sich auf diese Weise kindlich verhält. Das Gegenteil ist der Fall. Der Respekt für die Eltern ist ein wichtiger, emotionaler Schritt auf dem Weg zum Erwachsenen.

(Die Übung lässt sich in derselben Weise auch für den Vater durchführen).

Tut mir leid, Mutter

Zu unseren unerledigten Aufgaben gehört fast immer der Akt der Entschuldigung bei wichtigen Menschen. Besonders unserer Mutter haben wir Kummer bereitet, wissentlich oder ohne es zu wissen, für den wir uns nicht entschuldigt haben. Dieses Versäumnis liegt uns möglicherweise wie ein Stein im Magen, selbst wenn wir das nicht immer klar erkennen. Jeder von uns hat ein ausgeprägtes Empfinden für Gerechtigkeit in seinen Beziehungen. Anderen enthalten wir diese gerechte Behandlung dennoch oftmals vor. Hier können die Teilnehmer etwas Wichtiges nachholen.

Sie können diese Aufgabe auf folgende Weise einleiten:

Schreib deiner Mutter einen Entschuldigungsbrief und erwähne mindestens drei Dinge, mit denen du ihr während deiner Kindheit, in der Zeit zwischen Geburt und Pubertät, Kummer bereitet hast.

Es ist nicht nötig, dass du jetzt tatsächlich Bedauern empfindest. Es ist vollkommen ausreichend, wenn du anerkennst, dass dein Verhalten deiner Mutter Schwierigkeiten bereitet hat. Wir erwarten viel zu oft, dass unsere Mütter dazu da sind, uns Unangenehmes aus dem Weg zu entfernen.

Schreibe möglichst genau und konkret, womit du deiner Mutter Sorgen gemacht hast. Stell dir dabei den Gesichtsausdruck vor, mit dem sie damals auf die Schwierigkeiten reagiert hat bzw. mit dem sie heute deine Entschuldigung entgegennimmt.

Du kannst einen solchen Brief auch schreiben, wenn deine Mutter schon tot ist. Überlege dir, was du mit dem Geschriebenen machen möchtest. Sei dir bewusst, dass du mit dieser Praxis in deiner Familie vielleicht eine neue Tradition beginnst.

(Die Übung lässt sich in derselben Weise auch für den Vater durchführen).

Liebe Mutter, lieber Vater!

Diese kurze Meditation hat die Aufgabe, die innere Verbundenheit mit den Eltern zu stärken. Indem wir uns bewusst in die Generationenfolge stellen, nehmen wir eine Haltung der Bescheidenheit und Weisheit ein.

Wir sind der lebende Beweis für die Existenz unserer Mütter und Väter, unserer Großmütter und Großväter. Wir haben damit die wichtige Aufgabe, etwas zur Unsterblichkeit unserer Vorfahren beizutragen.

Und wenn wir selbst Mutter oder Vater werden, dann verstehen wir vielleicht zum ersten Mal, welche Opfer unsere Eltern für uns gebracht haben und wie viel sie zu unserer Entwicklung beigetragen haben.

In der folgenden Meditation können wir das Leben unserer Eltern würdigen.

Mach es dir auf deinem Platz bequem und schließ die Augen. Atme ein Mal langsam aus.

Bekräftige deine Absicht: «Ich möchte liebevoll an meine Eltern denken und mich dabei von der Stimme der Weisheit leiten lassen.»

Atme noch einmal langsam aus.

Nun erinnere dich bitte an deine Mutter und an deinen Vater und lass ein Bild von beiden in dir aufsteigen. Erinnere dich an alles, was sie für dich getan haben, an die Opfer, die sie für dich gebracht haben, an die Art und Weise, wie sie dich unterstützt haben. Lass aus dieser Erinnerung Wertschätzung aufkommen und Dankbarkeit für das, was sie dir gegeben haben.

Sei dir auch bewusst, dass jeder von uns nur eine begrenzte Fähigkeit hat zu geben, sodass andere Wünsche offenbleiben.

Betrachte vor allem das größte Geschenk, das deine Eltern dir gemacht haben: Sie haben dir das Leben geschenkt. Dein Leben ist aus dem Leben der Eltern hervorgegangen und schon das allein ist ein Grund für Wertschätzung und Dankbarkeit.

Verabschiede dich nun bitte von deinen Eltern und sag ihnen auf deine Weise Adieu.

Öffne in deinem eigenen Rhythmus die Augen und sei wieder hier, erfrischt und wach.

Meine Vorfahren

Im Westen reagieren viele Menschen allergisch, wenn sie an ihre Familie denken. Wir müssen jedoch alle lernen, unsere Familienmitglieder und Vorfahren so zu akzeptieren, wie sie sind, mit Toleranz, Respekt und Verständnis. Und wenn wir genauer hinsehen, dann werden wir auch die vielen guten Dinge entdecken, die wir aus unserem Familiensystem übernommen haben – genetisch und durch Tradition.

Fast alle verdanken wir unserer Ursprungsfamilie eine Menge Begabungen, Stärken, Interessen und Lebensziele. Wir müssen uns allerdings um Offenheit bemühen, um dieses Familienerbe dankbar entgegennehmen zu können.

In der folgenden Meditation stärken wir die Verbindung zu unseren Vorfahren

Mach es dir auf deinem Platz bequem und schließ die Augen. Atme ein Mal langsam aus.

Bekräftige die Absicht, die du mit dieser Meditation verfolgst: Ich möchte mich meinen Wurzeln zuwenden und daraus Kraft und Inspiration schöpfen.

Stell dir vor, dass du an einem Lagerfeuer sitzt, umgeben von Mitgliedern deiner Großfamilie – Eltern und Geschwister, Großeltern, Tanten und Onkel, Cousins und Cousinen. Manche leben noch, manche sind vielleicht schon gestorben. Sie alle sind durch Blutsbande oder durch Heirat miteinander verbunden. Vielleicht sind sogar einige darunter, an die du sehr lange nicht gedacht hast.

Schau in ihre Gesichter und bemerke ihre Bereitschaft, dich als Mitglied einer späteren Generation zu unterstützen.

Ihr alle sitzt im Kreis um das Feuer. Ab und zu kommt eine Person auf dich zu, um dir etwas von seinen Talenten, Charakterstärken, von seinen körperlichen Eigenschaften zu schenken. Stell dir vor, wie deine Vorfahren und Verwandten dir ihre Wünsche ausdrücken:

- Ich wünsche dir etwas von meiner Hartnäckigkeit...
- Ich wünsche dir meine Lust am Singen...
- Ich wünsche dir meine mathematische Begabung...

Spüre die Gegenwart dieser Menschen, spüre ihren guten Willen, spüre all die Schätze, die im Laufe der Zeit in deiner Großfamilie angesammelt wurden. (1 Min.)

Und diesen Kreis deiner Vorfahren kannst du auch später immer wieder zusammenrufen, wenn du Kraft brauchst, wenn du Standfestigkeit und Inspiration gebrauchen kannst.

Danke nun allen und entlasse sie bis zum nächsten Mal.

Atme ein Mal tief aus und öffne in deinem eigenen Rhythmus die Augen.

Familienrituale

Es sind nicht nur die liebevollen Gefühle, die einen Familienverband zusammenhalten. Familien benötigen auch gemeinsame Werte, Erlebnisse und Zeremonien.

Hier soll ein einfaches Familienritual vorgestellt werden, das besonders für Familien mit Kindern segensreiche Auswirkungen haben kann.

Das folgende Ritual lässt sich gut mit einem gemeinsamen Abendessen verbinden.

Die Familie sitzt zusammen am Tisch. Ein Familienmitglied zündet eine Kerze an und erwähnt anschließend irgendetwas, für das es im Augenblick dankbar ist, z. B.: «Ich bin dankbar dafür, das die Arbeitswoche vorüber ist und dass ich dies Wochenende mit euch verbringen kann.», oder: «Ich bin dankbar für den herrlichen Duft der Pizza aus dem Backofen.»

Anschließend wird die Kerze weitergegeben, damit auch die anderen Familienmitglieder Gelegenheit bekommen, ihre Dankbarkeit auszudrücken.

Familiengeschichte

Wer allzu lang gegen seine Familie rebelliert, schwächt sowohl seine Lebenskraft als auch seine Kreativität. Die meisten von uns haben ein tiefes Bedürfnis, eine gute Beziehung zu ihren Herkunftsfamilien zu entwickeln. Enttäuschungen, Verletzungen und chronische Konflikte führen jedoch häufig dazu, dass der Kontakt zu Teilen der Familie abgebrochen wird. Die Familien unterscheiden sich in der Stärke der bestehenden Kontakte und in der Leistungsfähigkeit des emotionalen Netzwerks, das sie für ihre Mitglieder bereitstellen.

Die folgende Aktivität bietet uns die Möglichkeit, unsere Herkunftsfamilie neu zu entdecken und alte Verbindungen aufzufrischen.

Geh wie folgt vor:

- Verabrede Interviews mit einzelnen Familienmitgliedern aus verschiedenen Generationen. Es kann sinnvoll sein, Helfer der Familie einzubeziehen, wie z. B. Hausangestellte, Mitarbeiter oder Lehrer.
- Wähle deine Interviewpartner danach aus, wie wichtig sie für dein Leben waren oder sind.
- Während der Befragung solltest du dir Notizen machen, um später die vielen Mosaiksteinchen zusammenfügen zu können.
- Diese Befragung wird dir ein neues Bild deiner seelischen Entwicklung vermitteln, denn alle diese Personen haben unsichtbare Spuren in dir zurückgelassen, die auch heute noch wirksam sind.
- Das Teilnehmermaterial «Familiengeschichte» enthält Anregungen für die Interviews. Die zwölf Fragen werden überraschende und wichtige Informationen ans Licht bringen.

Für die Gruppenarbeit: Hier kann der Fragebogen zunächst individuell bearbeitet werden. Dann stellt jeder seine Antworten in einer Kleingruppe von drei bis vier Teilnehmern vor.

Teilnehmermaterial

FAMILIENGESCHICHTE

Die folgenden zwölf Fragen solltest du zunächst selbst beantworten, damit du ein Gefühl dafür bekommst, was du deinen Interviewpartnern damit zumutest. Wenn du dann deine Interviews führst, kannst du entscheiden, wie viele Fragen du stellen möchtest bzw. auf welche du lieber verzichten willst.

1. Fünf Dinge, für die ich in meinem Leben besonders dankbar bin.
2. Wem verdankst du in deinem Leben am meisten?
3. Mit welchen Menschen teilst du die schönsten Erinnerungen?
4. Bist du je «gerettet» worden und wenn ja, von wem?
5. Durch welches Ereignis hast du am meisten gelernt?
6. Welche Ziele hast du noch in deinem Leben?
7. Welchen Menschen hast du Schwierigkeiten bereitet?
8. Was hast du im Leben gegeben?
9. Was hast du im Leben bekommen?
10. Wem bist du noch immer böse?
11. Wem könntest du jetzt vergeben?
12. Bei wem hast du dich noch nicht angemessen bedankt?

6 Dankbarkeit und Selbsterforschung

Naikan ist ein japanischer Begriff, der «Nach innen sehen» bedeutet. Es handelt sich dabei um eine Methode der Selbstreflexion, die uns helfen soll, Weisheit zu entwickeln. Auch hier spielt das Gefühl der Dankbarkeit eine wichtige Rolle.

Die Methode wurde zwischen 1940 und 1950 in Japan von Ishin Yoshimoto entwickelt, einem Geschäftsmann, der gleichzeitig praktizierender Buddhist war. Sein Ziel war es, einen Ersatz für die Meditation zu finden, der in der Lage wäre, im Alltag Hilfe bei seelischen Schwierigkeiten zu bieten.

Heute gibt es in Japan etwa fünfzig Naikan-Zentren und die Methode wird in vielen Bereichen angewendet, in der Beratung, bei der Behandlung von Abhängigkeit, in der Rehabilitation, in Schulen und im Management. Seit 1970 gibt es auch in den Vereinigten Staaten und in einigen europäischen Ländern Naikan-Zentren.

Naikan hat das Ziel, uns ein plastisches Bild der Wirklichkeit zu vermitteln. Im Alltag konzentrieren wir uns meist auf die eigene Person. Im Naikan dagegen sehen wir klarer, indem wir auch die Gefühle unserer Interaktionspartner einbeziehen.

Die Struktur von Naikan ist überraschend einfach. Im Zentrum stehen drei einfache Fragen:

- Was habe ich von dir bekommen?
- Was habe ich dir gegeben?
- Welche Schwierigkeiten habe ich dir bereitet?

Die dritte Frage geht über die Überlegungen hinaus, die wir normalerweise im Zusammenhang mit Dankbarkeit anstellen. Und natürlich ist sie viel schwieriger zu beantworten als die beiden ersten Fragen, bei denen es direkt um Dankbarkeit geht.

Wir bemerken es, wenn andere uns Schwierigkeiten bereiten. In der Bibel heißt es: Du siehst wohl den Splitter im Auge deines Nächsten, aber nicht den Balken im eigenen Auge. Sigmund Freud spricht in diesem Zusammenhang von Projektion und C. G. Jung verwendet den Begriff des Schattens, der unsere düsteren Tendenzen verbirgt.

Zusammenfassend kann man sagen, dass die Naikan-Methode die Dankbarkeitstherapie durch einen wichtigen Aspekt ergänzt. Es geht dabei um den großen Bereich unserer Fehler und Versäumnisse sowie um die Verletzungen, die wir anderen zufügen.

In unseren Interaktionen tauschen wir leider auch viel Negatives aus. Es ist das Verdienst von Yoshimoto, dass er darauf aufmerksam gemacht und eine handhabbare Methode zur Reparatur von Beziehungen entwickelt hat.

Eine Woche Selbsterforschung

Diese Übung hilft uns, etwas bescheidener zu werden und weniger fordernd aufzutreten. Wir würdigen die Hilfe, die wir bekommen, wir lernen Schritt für Schritt, mehr Rücksicht zu nehmen. Auf den ersten Blick sieht es so aus, als ob es darum ginge, dass wir Verzicht üben. Tatsächlich bekommen wir jedoch die Chance, viel zu gewinnen: innere Ruhe und Stärke, Wertschätzung und Sympathie von anderen.

Nimm dir eine Woche lang täglich eine halbe Stunde Zeit. Das kann am Ende des Tages sein oder zu einem anderen Zeitpunkt, wann immer du dich wach fühlst.

Beantworte nun jeweils in Form einer Liste die klassischen drei Naikan-Fragen:

- Was habe ich gestern und heute von anderen bekommen? (10 Min.)
- Was habe ich gestern und heute anderen gegeben? (10 Min.)
- Welche Last und welche Schwierigkeiten habe ich gestern und heute anderen zugemutet? (10 Min.)

Bitte beantworte die Fragen möglichst spezifisch und berücksichtige auch kleine, unbedeutende Dinge.

Betrachte am Ende der Woche deine täglichen Notizen und schreibe einen kurzen Dankesbrief an einen Menschen, dem du in dieser Woche etwas Besonderes verdankst.

Und wenn dir etwas auf der Seele lastet, dann schreibe einen Entschuldigungsbrief.

Die Säulen des Erfolgs

Wir leben in der Illusion unserer Unabhängigkeit. Wir glauben, dass wir als selbstständige Persönlichkeiten getrennt von anderen leben und arbeiten. Dies ist jedoch ein gefährlicher Irrtum. Wir sind heute noch wesentlich abhängiger von anderen, als es unsere Vorfahren waren. Die Globalisierung hat der sozialen Verflechtung noch eine weitere Dimension hinzugefügt.

Und genauso verhält es sich mit unserem Erfolg. Ob unsere Arbeit erfolgreich ist, hängt nicht allein von uns ab, sondern von vielen Menschen. Es reicht daher nicht aus, wenn wir unsere eigene Leistung anerkennen, sondern es ist angemessen, dass wir all jenen unsere Dankbarkeit ausdrücken, die dazu beigetragen haben.

Such dir irgendeinen Erfolg aus, auf den du stolz bist: Vielleicht ist das dein Abitur, vielleicht ein gewonnener Wettbewerb, vielleicht der Abschluss eines Projekts etc.

Konzentriere deine ganze Aufmerksamkeit auf diesen Erfolg und lass dir dreißig Minuten Zeit, um dir folgende drei Fragen zu beantworten:

- Wer oder was hat mich unterstützt (Menschen, Dinge, Institutionen usw.), sodass ich diesen Erfolg erzielen konnte?
- Welche positiven Auswirkungen hat mein Erfolg für andere?
- Welche Belastungen und Schwierigkeiten bedeutete es für andere, dass ich auf diesen Erfolg hinarbeitete? Welche negativen Konsequenzen hat mein Erfolg möglicherweise für andere?

  Beantworte die drei Fragen schriftlich. (20 Min.)

Die Notizen können anschließend in Quartetten vorgelesen werden.

Das Geschenk der kleinen Dinge

In der Konsumgesellschaft leiden auch unsere Beziehungen zu den Dingen. Wir haben uns daran gewöhnt, Gegenstände, die nicht mehr funktionieren oder die «altmodisch» geworden sind, wegzuwerfen und durch Neues zu ersetzen. Das führt zu einer Politik der Verschwendung und, was noch schlimmer ist, zu einer Verarmung und einem Rückgang vieler wichtiger Fertigkeiten. Wir geben immer mehr Kompetenzen aus der Hand. Darum ist dies eine wichtige Übung. Wir konzentrieren uns dabei auf die Dinge, die uns in unserem täglichen Leben unterstützen: Da ist z. B. der Wasserkocher, der Tintenroller, das WC, der Wollpullover etc.

Alle diese Dinge sind das Ergebnis einer langen und komplizierten Herstellungsgeschichte. Am Anfang stand eine Idee und darauf folgten viele Stufen der Realisierung. Die Dinge, die wir heute benutzen, sind durch viele Hände gegangen. Viele Menschen haben am Design gearbeitet, waren an der Herstellung, am Transport, am Verkauf oder auch an der Reparatur beteiligt usw.

Allzu vieles, was wir täglich benutzen, betrachten wir als Selbstverständlichkeit. Wir sollten uns klarmachen, dass wir all den Händen, die an der Herstellung der kleinen Dinge unseres Alltags beteiligt waren, Dank schulden.

Verfasse bitte ein Listengedicht, in dem du den kleinen Dingen des Lebens, den Objekten des Alltags, deinen Respekt und deinen Dank ausdrückst.

Gib deinem Gedicht den Titel: Dank für die kleinen Dinge.

Beginne jede Zeile mit der gleichen Formel: «Danke für...»

Hier kannst du alles aufzählen, was du in deinem Leben benutzt, Produkte von Industrie und Handwerk, von Künstlern oder Amateuren. Wenn du hundert Objekte gefunden und dich für sie bedankt hast, dann leg deinen Stift zur Seite.

Variation: Wir können ein besonders wichtiges oder geliebtes Objekt auswählen und einen kurzen Dankesbrief an den Erfinder oder an den Produzenten schreiben.

Trouble-Maker

Hier beschäftigen wir uns ausführlicher mit der dritten Frage von Yoshimoto. Er war übrigens der Ansicht, dass bei der dreiteiligen Selbstreflexion 60% der verfügbaren Zeit dieser Frage gewidmet werden sollte. Für ihn war es von entscheidender Bedeutung, dass wir unser Verhalten kontrollieren und vor allem unsere aggressiven Tendenzen bemerken, mit denen wir anderen schaden oder sie verletzen. Dabei geht es nicht nur um moralische Standards, es geht auch um die Empfindlichkeit und das innere Erleben der anderen.

Die Frage ist deshalb so schwer zu beantworten, weil wir so wenig über die Verletzlichkeit anderer Menschen wissen. Daher müssen wir üben, ihre Belastbarkeitsgrenzen zu erkennen.

Dies ist eine Übung für mehr Rücksichtnahme und Freundlichkeit. Nimm dir ein paar Bögen weißes Papier und frage dich: «Wem habe ich im letzten Jahr Schwierigkeiten und Kummer bereitet? Wen habe ich verletzt oder gedemütigt?»

Versuche ohne Pause zu schreiben und notiere die Dinge so, wie sie in deinem Bewusstsein auftauchen. Es ist nicht der Sinn dieser Schreibaufgabe, einen geordneten Text zu produzieren. (20 Min.)

Wir können uns auf diese Weise entlasten, denn das Böse, was wir anderen zufügen, fällt früher oder später auf uns selbst zurück.

Die Texte sollten diskret behandelt, also nicht in der Gruppe vorgelesen werden. Aber es macht Sinn, wenn die Teilnehmer anschließend in Trios oder Quartetten zusammenkommen, um sich über den Prozess des Schreibens auszutauschen und über die Gefühle, die er bei ihnen wachgerufen hat.

Bitte entschuldige!

Leider entschuldigen wir uns viel zu selten und schieben stattdessen Gründe vor oder benennen Schuldige, die für unser negatives Verhalten verantwortlich sind.

Die Unfähigkeit, sich zu entschuldigen, ist jedoch kein Zeichen persönlicher Stärke oder Überlegenheit. Ein selbstsicherer Mensch hat ein gutes Radar für die Verletzlichkeit seiner Mitmenschen. Er bemerkt, wenn er andere verletzt hat und ist bestrebt, solche Feindseligkeiten oder Rücksichtslosigkeiten zu vermeiden bzw. sich dafür zu entschuldigen.

Such dir jemanden aus, bei dem du dich entschuldigen möchtest. Schreibe dieser Person einen Brief und bitte sie um Verzeihung. Du kannst dem Betreffenden diesen Schritt erleichtern, wenn du ihm Einblick gibst in die Situation, die zu deinem verletzenden Verhalten führte. Nimm dir dafür 30 Minuten Zeit.

Versuche deinen Brief in einem Zug zu schreiben und vermeide längere Pausen. Der Brief soll normalerweise nicht abgeschickt werden, sondern ist eine Vorübung für einen persönlichen Akt der Entschuldigung. Bitte bedenke dabei: Fünfzig Prozent der positiven Energie, die du durch eine Entschuldigung gewinnen kannst, kommen dir selbst zugute. Denn auch mit einer virtuellen Entschuldigung beendest du einen negativen Zustand. Sie ist also auch ein Akt der Selbstbefreiung.

Du kannst diesen Brief auch dann schreiben, wenn die Person bereits aus deinem Leben verschwunden bzw. gestorben ist. (30 Min.)

Die Briefe sollen nicht vorgelesen werden, aber der Prozess des Schreibens und die Gefühle, die dabei entstanden sind, sollten Thema eines abschließenden Gesprächs sein.

Dank abstatten

Dankbarkeit ist eine Haltung, die nur zum Teil spontan entsteht. Viel häufiger ist dieses moralische Gefühl ein Produkt der Erziehung, der kulturellen Tradition und der religiösen Orientierung. Wir alle müssen Dankbarkeit lernen, weil sie auch evolutionspsychologisch eine späte Erfindung ist. Darum gibt die nächste Übung wieder Gelegenheit, Dankbarkeit zu trainieren.

Die Übung beginnt mit einem kleinen Wettbewerb. Jeder hat fünfzehn Minuten Zeit, um eine lange Liste zu machen mit der Überschrift: Dinge, die mir im letzten Jahr geschenkt wurden, ohne dass ich mich dafür bedankt habe und ohne dass ich etwas dafür zurückgegeben habe. (15 Min.)

Wer hat die meisten Punkte notiert?

Anschließend wählt jeder fünf Personen aus, bei denen er sich bedanken möchte und schreibt an jede von ihnen eine Postkarte. (20 Min.)

Liebesbilanz

Die Evolution hat dafür gesorgt, dass altruistisches Verhalten belohnt wird. Wer anderen hilft, ihnen seine Zeit zur Verfügung stellt oder sie an den eigenen materiellen Gütern beteiligt, hat einen Gesundheitsbonus. Unsere Hilfsbereitschaft ist in der Architektur unseres Gehirns verankert.

Natürlich gibt es Ausnahmen. Religiöse Differenzen oder eine rassistische Kultur können unsere natürliche Großzügigkeit ausschalten. Dann behandeln wir die Menschen, die nicht zu unserer eigenen Sphäre gehören, wie Fremde oder sogar wie Feinde.

Menschen in den großen Städten neigen ebenfalls dazu, ihre Hilfsbereitschaft zu vergessen. Die Konkurrenz im Überlebenskampf scheint unsere positiven Emotionen zeitweilig auszulöschen.

In der Naikan-Therapie werden die Klienten regelmäßig aufgefordert, ihre soziale Praxis zu überprüfen.

Die Teilnehmer bekommen einen kurzen Fragebogen (Teilnehmermaterial «Liebesbilanz») und bearbeiten ihn in 30 Minuten.

Anschließend kommen sie in Quartetten zusammen, um sich über ihre Einsichten und Pläne auszutauschen.

Teilnehmermaterial
LIEBESBILANZ

Bitte beantworte die folgenden Fragen:

1. Hast du schon irgendwann ehrenamtlich gearbeitet?
   Wie hast du dich dabei gefühlt?
   Hast du feststellen können, dass es dir so ging wie vielen anderen, die durch die Bereitschaft, aktiv etwas für andere zu tun, eine deutliche Stimmungsaufhellung bei sich feststellen konnten?

2. Langweilst du dich manchmal, bist du mit deinem Leben unzufrieden? Findest du, dass du eigentlich vom Schicksal Besseres verdient hättest? In diesem Fall kannst du dich im Handumdrehen aus einer depressiven Stimmung retten, indem du dir drei Menschen auswählst, denen du helfen kannst.
   Wen gibt es in deiner Nachbarschaft, der froh darüber wäre, wenn du ihm beistündest und etwas tätest, was seine Lebensfreude stärkt?

3. Vielleicht gehörst du zu den Menschen, die in einer lange bestehenden Partnerschaft immer wieder in Streit mit dem Partner geraten. Du kannst eine schnelle Verbesserung der Situation herbeiführen, wenn du mit deinem Partner ein altruistisches Projekt beginnst.
   Wo könntet ihr beide ein ehrenamtliches Engagement beginnen und Gutes für andere bewirken? Notiere mindestens drei Vorschläge für ein solches Projekt praktischer Nächstenliebe.

4. Wer hat dir in deinem Leben entscheidend geholfen? Hast du diesem Menschen jemals ausdrücklich gedankt? Wenn nicht, dann nimm dir jetzt ein neues Blatt Papier und bedanke dich bei dieser Person in neun Sätzen. Betrachte diesen Text als Entwurf, als Vorarbeit für ein ausführlicheres Dankesschreiben oder einen persönlichen Dank.

Zen des Lernens

Wir sind daran gewöhnt, Lernen in erster Linie als selbstgesteuerte Aktivität zu betrachten: Ich lerne etwas, weil ich es so will.

Dabei übersehen wir, dass es häufig das Schicksal, der Zufall oder der liebe Gott sind, die dafür sorgen, dass wir etwas lernen. In diesem Bereich des Lernens durch Erfahrung erleben wir Situationen, die positive Gefühle bei uns auslösen, aber auch Vorkommnisse, die zunächst negative Gefühle mobilisieren. Wir geraten in eine Krise, andere Menschen legen uns Steine in den Weg, wir fühlen uns verletzt oder im Stich gelassen.

Oft ist es jedoch so, dass wir gerade aus diesen zunächst als negativ empfundenen Erlebnissen besonders viel lernen. Anschließend sind wir stolz, dass wir es geschafft haben, aus Pech Gold zu machen.

1. Die Teilnehmer beginnen mit einer Liste, die spontan zusammengestellt wird. Sie beantworten dabei jedes Mal die Frage: «Was habe ich in den letzten fünf Jahren gelernt?» (Je jünger die Teilnehmer sind, desto kürzer der untersuchte Zeitraum.)
   Die Gruppe hat dafür zehn Minuten Zeit.
2. Die nächste Liste erfordert etwas mehr Nachdenken. Hier soll die Frage beantwortet werden: «Welche Personen/welche Ereignisse waren in den letzten fünf Jahren für mich ‹Lernbeschleuniger› bzw. ‹Lernkatalysatoren›?»

Auch für diese Liste hat die Gruppe zehn Minuten Zeit.

Im Anschluss an die beiden Bilanzierungen sollte eine kurze Besprechung im Plenum stattfinden.

3. Zum Schluss bearbeitet jeder für sich den Fragebogen «Zen des Lernens». Dafür stehen fünfzehn Minuten zur Verfügung. Hier ist eine längere Zeit der Auswertung empfehlenswert, zunächst in Quartetten, später im Plenum.

Teilnehmermaterial
ZEN DES LERNENS

Bitte beantworte die folgenden Fragen möglichst zügig:

1. Nenne drei weise Menschen, von denen du etwas über das Leben gelernt hast.
2. Was hast du dir selbst beigebracht? Professionell, persönlich und spirituell?
3. Nenne zwei wichtige Dinge, die du im letzten Jahr gelernt hast.
4. Aus welchen positiven Ereignissen im Leben hast du etwas lernen können und was war das?
5. Aus welchen Krisen und Katastrophen deines Lebens hast du etwas Wertvolles gelernt?
6. Kannst du dir unter dem Begriff «Lernen ohne Worte» etwas vorstellen?
7. Um lernen zu können, müssen wir für Raum sorgen. Wer zu viel weiß, ist lernbehindert. Wie sorgst du dafür, dass du «leer» genug bist, um zu lernen?
8. Jeder von uns lernt auch von «falschen» Lehrern. Welchen «falschen» oder zwielichtigen Lehrern glaubst du immer noch?
9. Was verstehst du noch nicht?
10. Was kannst du nicht und wirst es vielleicht nie können?
11. Wofür hast du von der Natur Talent mitbekommen?
12. Welche Charakterstärken zeichnen dich aus?
13. Du hast vieles im Leben gelernt. Wofür bist du besonders dankbar?
14. Welches Wissen, welche Begabungen verdankst du deinen Vorfahren?
15. Was hast du von deinem Vater gelernt?
16. Was hast du von deiner Mutter gelernt?
17. Welchem deiner Lehrer bist du besonders dankbar?
18. Was hättest du besser nie gelernt?
19. Was möchtest du vergessen?
20. Was ist für dich das «große Geheimnis»?

Zen des Redens

Unsere Alltagssprache und unsere alltägliche Kommunikation leiden an drei grundlegenden Mängeln:

- *Wir drücken uns häufig kritisch aus und selten wertschätzend.*
- *Wir sprechen mit anderen respektlos und verletzen ihre persönliche Würde.*
- *Wir sprechen lieblos und ohne Wärme und bewirken so eine Isolation der Beteiligten.*

Auf diese Weise bewirken wir Frustration und Konflikte und machen es uns selbst schwer, unsere Ziele zu erreichen.

In dieser Lerneinheit können die Teilnehmer darüber reflektieren, wie sie konstruktiv an ihrer Sprechkultur arbeiten können.

1. Soloarbeit: Jeder legt eine Liste an mit fünf Gelegenheiten, bei denen er häufig mit anderen respektlos spricht bzw. kritisch-negativ kommuniziert. Welche Personen sind beteiligt? Worum geht es in der kommunikativen Situation? (10 Min.)

2. Gruppenarbeit: Die Teilnehmer kommen in Quartetten zusammen und tauschen sich über die Frage aus: Wie ist mein Sprachstil, wenn sich die Angesprochenen unwohl, verletzt, gedemütigt, abgewertet, kritisiert und missbraucht fühlen? Die Einsichten werden auf Flip-Chart notiert. (20 Min.)

3. Gruppenarbeit: Die Quartette tauschen sich über die Frage aus: Wie muss ich auftreten, damit die Angesprochenen sich öffnen können und Lust bekommen, mit mir zu sprechen? Unter welchen Bedingungen entwickeln meine Gesprächspartner den Mut, aufrichtig mit mir zu kommunizieren, ihre Meinung zu sagen, Wünsche zu äußern, auch ungewöhnliche Ideen mitzuteilen? (20 Min.)

Expressiver Dank

Wer eine düstere Stimmung vertreiben bzw. sein Stimmungsbarometer in die Höhe treiben will, dem wird die folgende Übung helfen.

Die Abfassung von Briefen zu therapeutischen Zwecken hat eine lange Tradition, die bis in die Antike zurückreicht. Der Dankesbrief, der hier empfohlen wird, ist eine Erfindung von Martin Seligmann und er wurde vielfach getestet. Wer sich an die beschriebenen Regeln hält, hat sehr gute Aussichten auf Erfolg.

Zu Beginn versetzen wir die Teilnehmer in eine milde Trance:

Mach es dir auf deinem Platz bequem und schließ die Augen. Atme ein Mal langsam aus.

Erinnere dich an das Gesicht eines Menschen, der vor Jahren etwas für dich getan hat oder dir etwas gesagt hat, was dein Leben wesentlich verbessert hat. Diese Person soll noch am Leben sein und es soll sich um jemanden handeln, dem du bisher noch nicht von Herzen gedankt hast. Außerdem soll es jemand sein, den du innerhalb der nächsten zwei Wochen persönlich aufsuchen kannst.

Lass dir eine Minute Zeit, um das Gesicht des Betreffenden mit deinem inneren Auge zu betrachten. (1 Min.)

Dankbarkeit kann dein Leben glücklicher und wärmer machen. Wenn wir dankbar sind, dann wärmen uns angenehme Erinnerungen an positive Ereignisse in unserem Leben. Und wenn wir unseren Dank ausdrücken, dann stärken wir die Beziehung zu unserem Wohltäter. Leider ist ein Dankeschön oft so schnell dahingesagt, dass es beinahe bedeutungslos ist. In dieser Übung hast du Gelegenheit, deinen Dank so auszudrücken, dass daraus ein unvergessliches Ereignis wird. Es handelt sich um «expressiven Dank».

Du sollst gleich einen Dankesbrief an die Person schreiben, der du dankbar bist. Der Brief soll dreihundert bis vierhundert Wörter umfassen und du sollst ihn später persönlich überbringen. Drück dich darin möglichst anschaulich und plastisch aus. Sag ganz genau, was der Betreffende für dich getan hat und wie er dein Leben beeinflusst hat.

Lass die Person wissen, was du heute machst und sprich darüber, wie oft du im Stillen daran gedacht hast, was sie für dich getan hat. Sorge dafür, dass in dem Brief die Stimme deines Herzens mitschwingt.

Nun weißt du, worum es geht und du kannst langsam in deinem Rhythmus die Augen wieder öffnen.

Nimm dir jetzt ein Blatt Papier und schreibe deinen Brief.
(20-30 Min., je nach Temperament der Teilnehmer)

Vielleicht möchtest du zu Hause deinen Brief noch einmal auf dein persönliches Briefpapier abschreiben. Bitte verzichte darauf, mit dem Computer zu schreiben. Diese Übung lebt vom persönlichen Ausdruck. Rufe sobald wie möglich den Adressaten des Briefes an und teile ihm mit, dass du ihn gern besuchen möchtest. Sprich noch nicht über das Ziel deines Besuchs, denn die Überraschung, die du bereitest, ist ein Teil des Erfolges. Du kannst andeuten, dass dir etwas Wichtiges eingefallen ist, über das du gern sprechen möchtest.

Wenn du den Empfänger des Briefes besuchst, dann lass dir Zeit, ihm in Ruhe deinen Brief vorzulesen. Bemerke, wie du selbst reagierst und wie der Adressat reagiert. Wenn die Person dich unterbrechen möchte, dann bitte sie darum, den Brief zunächst bis zu Ende anzuhören.

Erst, wenn du den ganzen Brief vorgelesen hat, Wort für Wort, dann könnt ihr euch austauschen und über eure Gefühle und Erinnerungen sprechen.

Die Verfasser solcher Briefe haben berichtet, dass ihre Stimmung im Anschluss wesentlich hoffnungsvoller und positiver war.

In der Gruppensitzung sollten die Briefe nicht vorgelesen werden, um die Mitteilungen nicht zu trivialisieren. Wichtig ist allerdings, über die Erfahrungen beim Schreiben zu sprechen.

Neujahrsreflexion

Der Jahreswechsel ist die passende Gelegenheit, um Bilanz zu ziehen. Alles was im Laufe des Jahres zu kurz gekommen ist, sollte hier bedacht werden. Und so ist der Jahreswechsel auch ein idealer Zeitpunkt, um über Dankbarkeit in meinem Leben nachzudenken.

Natürlich können wir diese Überlegungen auch zu jedem beliebigen anderen Zeitpunkt anstellen.

Die Teilnehmer benötigen ungefähr zwei Stunden Zeit und einen ruhigen Platz, wo sie sich gut konzentrieren können.

Die Übung vollzieht sich in drei Schritten. Alle drei Fragen sollen ausführlich schriftlich beantwortet werden.

1. Welches sind die zehn wichtigsten Menschen in meinem Leben?
2. Was sind die drei wichtigsten Dinge, die ich von jeder dieser zehn Personen in meinem Leben bekommen habe?
3. Was kann ich im kommenden Jahr jeder dieser zehn Personen geben oder was kann ich für sie tun? Lass dir für diese letzte Frage besonders viel Zeit. Suche in Ruhe etwas aus, was diesen Menschen erfreuen könnte.

Deine Arbeit ist beendet, wenn du für jeden deiner zehn Wohltäter mindestens ein Geschenk oder eine Aktion notiert hast. Bewahre deine Liste an einer Stelle auf, an die du häufig schaust. Und wenn du einer Person ein Geschenk überreichst oder etwas Gutes für sie tust, dann notiere auch das.

Eine schwierige Person

Mit schwierigen Menschen auszukommen, fällt uns oft schwer. Dabei ist das ganz leicht: Wir müssen nur lernen, nett zu ihnen zu sein. Wenn wir uns darüber klar sind, dass wir für vieles im Leben dankbar sein können, dann fällt es uns auch nicht schwer, unsere Dankbarkeit auszudrücken, indem wir auch jene Menschen freundlich behandeln, die wir spontan vielleicht sogar abstoßend finden.

Die folgende Meditation zeigt uns, wie wir das schaffen können. Sie dauert ca. 20 Minuten.

Mach es dir auf deinem Platz bequem und schließ die Augen. Atme ein Mal langsam aus.

Lass das Bild eines «schwierigen Menschen» vor deinem inneren Auge auftauchen. Es sollte ein Mensch sein, mit dem du wiederholt oder ständig zu tun hast.

Erinnere dich daran, dass auch dieser schwierige Mensch sich anstrengt, seinen Weg durchs Leben zu finden.

Sag im Stillen zu dir selbst: «Ich selbst wünsche mir Frieden und möglichst wenig Leid. Auch dir wünsche ich, dass du Frieden findest.»

Sprich die folgenden Worte sanft nach und behalte dabei vor deinem inneren Auge das Bild des schwierigen Menschen. Spüre dabei die Kraft und den Segen, deiner Worte:

- Ich wünsche dir Sicherheit.
- Ich wünsche dir Glück.
- Ich wünsche dir Gesundheit.
- Ich wünsche dir ein gutes Leben.

Es kann sein, dass jetzt Gefühle von Abneigung, Ekel, Ärger, Schuld, Scham oder Trauer in dir aufsteigen. Vielleicht klingen deine Segenswünsche angesichts dieser negativen Gefühle mechanisch und hohl. Gib diesen Gefühlen einen Namen (z. B. Trauer, Ärger, usw.) und schenke dir selbst ein paar Minuten Zuwendung und Mitgefühl:

- Ich wünsche mir Sicherheit.
- Ich wünsche mir Glück.
- Ich wünsche mir Gesundheit.
- Ich wünsche mir ein gutes Leben.

Wenn du dich wieder ruhiger fühlst, dann kannst du dich erneut der schwierigen Person zuwenden.

Geh zwischen dir selbst und der schwierigen Person mit deinen Segenswünschen hin und her und sorge dafür, dass dein Geist guten Willens deine Meditation begleitet.

Ehe deine Meditation zu Ende geht, verabschiede dich von der schwierigen Person und sprich dabei die folgenden Wünsche aus:

- Ich wünsche mir selbst und allen lebenden Wesen Sicherheit.
- Ich wünsche mir selbst und allen lebenden Wesen Glück.
- Ich wünsche mir selbst und allen lebenden Wesen Gesundheit.
- Ich wünsche mir selbst und allen lebenden Wesen ein gutes Leben.

Du hast nun dafür gesorgt, dass die Welt etwas freundlicher wird. Öffne langsam die Augen in deinem eigenen Rhythmus und atme ein Mal tief aus.

Das Geschenk

Wenn wir uns klar darüber werden, was wir selbst zu verschenken haben, fällt es uns leichter, Dankbarkeit zu empfinden. Menschen, die andere gern beschenken, neigen weniger zu Depression und Selbstmord.

Wenn wir uns daran gewöhnen, mit offenem Herzen und offener Hand zu geben, dann wirkt sich das positiv auf unsere mentale und emotionale Gesundheit aus. Außerdem verlängert es vermutlich unser Leben.

In dieser Übung können sich die Teilnehmer Gedanken darüber machen, welchen Lebensstil sie entwickelt haben, was das Schenken angeht. Und über all dem soll nicht vergessen werden: Das kostbarste Geschenk, was wir zu machen haben, ist unsere Zeit.

Jeder Teilnehmer bekommt ein Exemplar des Fragebogens «Das Geschenk» und beantworten die dreizehn Fragen. (20 Min.)

Anschließend kommen sie in Quartetten zusammen und vergleichen ihre Antworten. (30 Min.)

Teilnehmermaterial
DAS GESCHENK

1. Was hat dir die Welt bisher geschenkt?
2. Was hast du der Welt bisher geschenkt?
3. Was hat deine Mutter dir geschenkt?
4. Was hast du deiner Mutter geschenkt?
5. Was hat dein Vater dir geschenkt?
6. Was hast du deinem Vater geschenkt?
7. Zwölf Dinge, die du zu verschenken hast.
8. Was hast du wem als letztes Geschenk gegeben?
9. Welche Menschen sind dir dankbar?
10. Welche Menschen sind dir so dankbar, dass sie sich nach deinem Tode gern an dich erinnern werden?
11. Wie könntest du das Schenken zu einem festen (rituellen) Bestandteil deines Lebens machen?
12. Hat Gott dich sichtbar beschenkt?
13. Hat das Glück dich irgendwann beschenkt?
14. Was bekommt derjenige, der gibt oder schenkt?

Geschenk der Gruppe

Wer Dankbarkeit empfindet, der hat meist das Bedürfnis, dafür zu sorgen, dass auch andere etwas bekommen. Und so gibt es einen engen Zusammenhang zwischen Dankbarkeit und Hilfsbereitschaft. Beide Haltungen sind nachweisbar gesund. Sie stärken unser Immunsystem ebenso wie unsere seelische Stabilität.

Dankbarkeit und Hilfsbereitschaft ergänzen einander. Indem sie Konflikten vorbeugen, verbessern beide auch erheblich die Atmosphäre in Gruppen und Institutionen.

Allein die Kenntnis dieser Zusammenhänge macht uns allerdings weder dankbarer noch hilfsbereiter. Beide Haltungen müssen gelebt werden. Nur so können wir die positiven Konsequenzen deutlich erleben.

In dieser Übung haben die Teilnehmer Gelegenheit, eine intensive Erfahrung mit dem Vorgang des Schenkens zu machen. Sie erleben, dass das bewusste Schenken ein anspruchsvoller Prozess ist, der Weisheit erfordert, und gleichzeitig spüren sie, welche intensiven Gefühle damit verbunden sind.

Teil 1: Kurze Psychoimagination

Mach es dir auf deinem Platz bequem und schließ die Augen. Atme ein Mal langsam aus.

Stell dir vor, dass die ganze Gruppe um dich herumsteht, vielleicht im Halbkreis.

Betrachte die einzelnen Gruppenmitglieder, bemerke ihre Stimmung, bemerke ihre körperliche Verfassung...

Nun stell dir vor, dass du eine Psychodroge bekommst, die dich in die Lage versetzt, tiefer zu sehen, empathischer zu sein und den Menschen ins Herz zu sehen. Mit anderen Worten: Du verfügst plötzlich über ungewöhnliche Intuition.

Und nun hast du die Aufgabe, eine Art Glücksanalyse in der Gruppe anzustellen. Finde heraus, welche Gruppenmitglieder im Augenblick an einem Mangel an Glück leiden. Vielleicht haben sie den Eindruck, dass sie im Schatten des Lebens stehen... Vielleicht fühlen sie sich zu wenig geliebt... Vielleicht fühlen sie sich überlastet... Vielleicht empfinden sie eine Verletzung, deren genaue Natur ihnen selbst unbekannt ist.

Das sind schwierige und gewichtige Fragen, die nicht leicht zu beantworten sind. Darum sollst du Hilfe bekommen. Stell dir vor, dass die Gruppenmitglieder mit einem Glücksdefizit dir irgendein Zeichen geben. Vielleicht heben sie die Hand, vielleicht nicken sie dir zu, vielleicht machen sie einen Schritt in deine Richtung oder sie tun irgendetwas, was dir sagt: Ich wünsche mir mehr Glück. (1 Min.)

Lass diese kurze Imagination nun verblassen und bitte deine Intuition, alle Einsichten festzuhalten, die wichtig sind.

Gleich kannst du die Augen wieder öffnen, damit wir uns dem Schwerpunkt dieser Übung zuwenden können, einem Experiment mit dem Namen «Das Geschenk der Gruppe». Dieses Experiment ist vielfach in Gruppen erprobt worden und es bewirkt Erfahrungen, die man nicht vergessen kann.

Teil 2: Ein gruppendynamisches Experiment

Zur Theorie: Hier kannst du etwas über die psychologische Dynamik des Gebens lernen, über deine Bereitschaft, ein Opfer zu bringen und über die Schwierigkeit, den Akt des Schenkens mit Weisheit zu verbinden.

Gleichzeitig bekommst du Einblick in die Problematik des Beschenktwerdens. In uns gibt es immer wieder Stimmen, die nicht bereit sind zuzulassen, dass wir beschenkt werden. Vielleicht befürchten diese Stimmen einen Verlust an Autonomie oder eine Regression.

Damit dieses Gruppenexperiment möglich wird, muss jeder, der mitspielen möchte, zu Beginn ein kleines Opfer bringen, indem er einen Beitrag zum «Gruppenschatz» leistet, der in diesem Fall aus Geldspenden besteht. Alle sollen gleich viel einzahlen, z. B. fünf Euro. (Je nach finanzieller Situation der Teilnehmer kann der Betrag auch erhöht werden). Diese Geldspende wird sich jedoch für jeden in Erkenntnisse verwandeln, die den Wert der Spende weit übersteigen.

Der Gruppenschatz wird für alle sichtbar in der Mitte des Kreises auf dem Boden deponiert.

Zu diesem Zeitpunkt kennt vermutlich nur der Gruppenleiter den weiteren Verlauf dieses Gruppenexperiments. Bei den Teilnehmern gibt es Vermutungen, Befürchtungen oder Hoffnungen und wahrscheinlich ahnen einige, worum es geht. Doch bevor die Gruppe sich der Dynamik des Experiments überlässt, soll ein «Blitzlicht» stattfinden, d. h. jeder teilt kurz mit, was ihn gerade bewegt, welche Gefühle er bei sich wahrnimmt und was ihm durch den Sinn geht...

Nun soll das Geheimnis gelüftet werden, damit die Gruppe weiß, was zu tun ist: Dies ist eine Übung in der Kunst des weisen Schenkens. Die Gruppe soll sich auf einen Teilnehmer einigen, der den Gruppenschatz erhalten soll. Alle sind sich dabei bewusst, dass der Gruppenschatz eine materielle und eine symbolische Bedeutung hat. Jeder von uns hat sehr persönliche Vorstellungen darüber, was Weisheit ist und was er im Lauf seines Lebens über die Kunst des Schenkens gelernt hat.

Dieses Realexperiment gibt der Gruppe Gelegenheit, eine weise Entscheidung zu treffen. Dabei ist die Gefahr des Theoretisierens gering. Die Aufgabe kann nur glücken, wenn jeder auf seine Intuition baut, denn der Weg scheint zunächst unübersichtlich.

An Spielregeln sind einzuhalten: Die Entscheidung muss einstimmig getroffen werden. Außerdem muss der Empfänger des Gruppenschatzes seine Bereitschaft erklären, das Geschenk der Gruppe anzunehmen. Die Zeit lässt sich nicht festlegen. Bei allen Konsensusprozeduren benötigen die Teilnehmer Ruhe und Freiheit von Stress. Die ganze Konzentration soll auf die Lösung der Aufgabe gerichtet sein.

Die beste Meditation

Dies ist eine ungewöhnliche Bezeichnung für eine Übung, die auf die Bedeutung dieser Meditation hinweisen soll. Im englischsprachigen Raum wird sie als «Lovingkindness-Meditation» bezeichnet. Diese besondere Meditation hat mittlerweile das Prädikat «evidenz-basiert» erworben. Wer regelmäßig auf diese Weise meditiert, baut Stress ab, fühlt sich glücklicher, öffnet sich mental neuen Einsichten, verhält sich hilfsbereiter und weniger egozentrisch, neigt weniger zu Krankheiten.

Trotzdem ist es zunächst wichtig, dass jeder selbst herausfindet, ob ihm diese Art der Meditation zusagt. Buddha hat seine Schüler immer wieder aufgefordert, alle seine Weisheiten im Alltag zu testen.

Buddhas Arbeit folgte ähnlichen Grundsätzen wie die moderne Psychologie. In den Jahren zwischen 1960 und 1980 pilgerten westliche Psychologen nach Indien und entdeckten dort die Methoden der «Achtsamkeitsmeditation». Zurück in den Vereinigten Staaten verbreiteten sie diese Methoden. Besonders Sharon Salzberg machte die sogenannte «Lovingkindness-Meditation» bekannt, weil sie gleichzeitig eine Antwort gab auf die zu dieser Zeit beginnende Glückssuche.

Sie vereinigte dabei drei Grundsätze:

- *Behandle dich selbst verständnisvoll, ohne dein Ego aufzublasen...*
- *Sei zu anderen verständnisvoll und berücksichtige ihre Lebenssituation...*
- *Mach dir bewusst, dass alle Menschen Glück suchen, Freiheit von Schmerz und Freiheit von Angst...*

Während die Achtsamkeitsmeditationen vor allem auf Konzentration und Vermeidung von Ablenkung hinarbeiten, benutzt die «Lovingkindness-Meditation» die positive Kraft unseres Wunsches nach Verbundenheit, nach Zugehörigkeit und Einheit. Sie aktiviert Wärme und Liebe und lehrt uns, wie wir uns selbst und unserem Nächsten ein guter Freund sein können. Sie benutzt Worte und Bilder, die imstande sind, positive Gefühle der Zuwendung und Freundlichkeit zu wecken.

Dadurch, dass wir bestimmte Sätze häufig wiederholen, bekräftigen wir unseren guten Willen und wir pflanzen den Samen freundlicher Wünsche tief in unser Bewusstsein. Mit einem liebevollen Herzen verhalten wir uns anders. Wir öffnen uns emotional und intellektuell und wir lernen und arbeiten leichter und inspirierter.

Wer diese Meditation regelmäßig praktizieren möchte, sollte mit einer Meditationszeit von zehn bis fünfzehn Minuten beginnen.

Setz dich an einen stillen Platz, mach es dir bequem, lass alle Pläne und Ablenkungen los und schließ die Augen. Atme ein Mal langsam aus.

Atme ruhig und gelassen und sprich im Stillen die folgenden kurzen Sätze, die zunächst auf dein eigenes Wohlbefinden zielen:

- Ich wünsche mir Sicherheit.
- Ich wünsche mir, glücklich zu sein.
- Ich wünsche mir Gesundheit für Geist und Körper.

Während du diese Sätze sprichst, sieh vor deinem geistigen Auge dich selbst, so wie du heute bist. Aber vielleicht ist es auch leichter für dich, wenn du dich als Kind siehst, das von seiner Familie geliebt wird. Du kannst die Worte und Bilder dieser Meditation so verändern, dass sie dir helfen, dein Herz zu öffnen. Wiederhole diese Sätze wieder und wieder, und lass positive Gefühle Körper und Geist durchdringen.

Sei dir bewusst, dass sich diese Meditation manchmal mechanisch oder unpassend anfühlt. Es kann auch passieren, dass sie ärgerliche Gefühle in dir wachruft, Irritation oder Kummer. Wenn das geschieht, dann ist es wichtig, dass du diese Gefühle verständnisvoll und mit Geduld und Respekt betrachtest. (3 Min.)

Wenn du das Gefühl hast, dass du ein gewisses Maß an liebevoller Freundlichkeit für dich selbst entwickelt hast, dann kannst du diese Meditation ausweiten und andere Menschen einbeziehen.

Konzentriere dich für eine Weile auf jemanden, dem du dankbar bist, der dich geliebt hat, der in irgendeiner Weise für dich gesorgt hat. Stell dir das Gesicht dieses Menschen vor und sprich dieselben Wünsche für ihn aus:

- Ich wünsche dir Sicherheit...
- Ich wünsche dir, dass du glücklich bist...
- Ich wünsche dir Gesundheit für Körper und Geist...

Lass das Gefühl der Dankbarkeit, das du für diesen Menschen empfindest, deiner Meditation Kraft und Wärme geben. Es spielt keine Rolle, ob du das Bild des Menschen deutlich vor dir siehst und ob deine Gefühle stark sind. Diese Meditation sorgt dafür, dass sich deine Gefühle immer wieder verändern.

Achte darauf, die Saat liebevoller Gefühle in dir einzupflanzen und wiederhole die Sätze, die dich vielleicht an ein Mantra erinnern. (3 Min.)

Wenn wir unseren Wohltätern und Beschützern unsere Dankbarkeit ausdrücken, dann ist das ein ganz natürlicher Vorgang. Manchmal fällt uns das leichter, als die liebevolle Beschäftigung mit uns selbst. Wenn es auch dir so geht, kannst du diese Meditation später auch mit einem deiner Wohltäter beginnen und dich erst dann dir selbst zuwenden.

Lass die Meditation ganz leicht fließen. Du brauchst dich nicht anzustrengen. Liebevolle Freundlichkeit ist etwas ganz Natürliches. Genauso natürlich sind Ablenkungen. Sie werden immer wiederkehren, weil unser Geist so eingerichtet ist. Wenn du sie bemerkst, dann lass Bilder und Gedanken einfach weiterziehen und kehre zu deinen Wünschen zurück.

Später wirst du vielleicht zwischen den Wünschen für dich selbst und für deinen Wohltäter in schnellerem Rhythmus wechseln können, wenn du entdeckst, dass diese Wünsche der natürlichen Sprache deines Herzens entsprechen.

Kehre nun mit deiner Aufmerksamkeit hierher zurück. Öffne die Augen in deinem eigenen Rhythmus, ganz erfrischt und wach.

Fehler akzeptieren

Die Selbsterforschungsmethode des Naikan fordert uns nicht nur zur Dankbarkeit auf, sondern lädt uns gleichzeitig dazu ein, uns mit unseren Fehlern zu beschäftigen. Das fällt uns nicht leicht. Wir haben sehr häufig das Gefühl, im Recht zu sein und es ist uns fast immer peinlich, wenn wir bei einem Fehler oder Irrtum ertappt werden.

In der westlichen Kultur ist die Angst vor Fehlern verbreitet. Fehler werden schnell mit Dummheit, Ignoranz, moralischer Minderwertigkeit und gestörter Psyche in Zusammenhang gebracht. Das ist jedoch ein schwerwiegendes Missverständnis: Die Fähigkeit zu irren, ist die Voraussetzung für Mitgefühl, für Optimismus, Phantasie und Risikobereitschaft.

Fehler gehören zum Lernen und zum Wachstum der Persönlichkeit dazu. Nur durch Irrtum kommen wir zu neuen Ideen, zu neuem Verständnis, zu einer gewissen Weisheit. Unsere Fehler sagen uns, wer wir sind. Das Sprichwort «Irren ist menschlich», hat vollkommen recht. Trotzdem bleiben Fehler für die meisten Menschen eine heikle Angelegenheit. Wenn wir einen Fehler begehen, dann

- *tun wir so, als ob nichts geschehen wäre,*
- *leugnen wir den Fehler,*
- *verteidigen wir uns,*
- *reden wir unseren Irrtum klein,*
- *machen wir andere dafür verantwortlich.*

Die Religion hat Rituale der Buße und Reinigung entwickelt. Aber unsere Alltagskultur und unsere soziale Etikette machen einen Bogen um diese Problematik: Entschuldigungen sind eine Rarität und Bedauern wird selten geäußert...

Anstelle der Selbstkritik gibt es eine breite Tradition der Beckmesserei, der Nörgelei, der Herabsetzung. Wir freuen uns an den Schwächen und Niederlagen der anderen und streiten uns mit unseren Kollegen, Partnern und Kindern um die Frage: Wer hat recht?

Bei diesem Thema ist die Philosophie des Naikan eine wirksame Hilfe. Sie lädt uns dazu ein, bescheiden zu sein und nicht auf unserer Überlegenheit zu beharren. Wenn wir eine positive Haltung zu unseren Fehlern einnehmen können, dann sind wir auch eher in der Lage, zu vergeben und Konflikte zu entschärfen.

Wir beginnen die Übung mit einer kurzen Gruppenarbeit in Quartetten. Die Teilnehmer sollen eine Viertelstunde lang ihre Beobachtungen zusammentragen zu der Frage: «Wie wurden in dieser Gruppe bisher Fehler und Irrtümer behandelt, vom Leiter und den Teilnehmern?» Die Ergebnisse sollen kurz im Plenum besprochen werden.

Den Höhepunkt der Sitzung bildet anschließend die Einzelarbeit mit dem Fragebogen «Fehler akzeptieren können». Die Teilnehmer konzentrieren sich auf dieses heikle Thema in ihrem Leben, um später im kleinen Rahmen darüber zu sprechen.

Für die Bearbeitung des Fragebogens benötigen die Teilnehmer ca. 30 Minuten.

Anschließend kommt jeder mit einem Partner zusammen, und die Paare tauschen sich über wichtige Einsichten aus.

Teilnehmermaterial

FEHLER AKZEPTIEREN

Bitte beantworte die folgenden Fragen auf einem separaten Blatt Papier.

1. Was hast du in deiner Kindheitsfamilie über Fehler und Irrtümer gelernt?
2. Welchen Fehler haben dir deine Eltern besonders angekreidet?
3. Was war der schmerzlichste Fehler deines Vaters?
4. Was war der schmerzlichste Fehler deiner Mutter?
5. Welcher Fehler deines Partners stört dich am empfindlichsten?
6. Was sind die drei meist kritisierten Fehler deines Chefs?
7. Bei welcher Gelegenheit beteiligst du dich an der Diskussion über die Fehler anderer?
8. Mit wem streitest du öfter über die Frage: «Wer hat recht»?
9. Welchen Fehler kannst du dir nicht verzeihen?
10. Fünf Fehler, die du immer wieder begehst?
11. Welcher Fehler hat sich im Rückblick für dich als Segen erwiesen?
12. Stell dir einen Menschen vor, dessen Gehirn so geschaltet ist, dass er keine Fehler machen kann. Beschreibe das Verhalten dieses Menschen.
13. Welche Überzeugungen oder Illusionen haben deine Entwicklung gebremst?
14. Was sagst du im Selbstgespräch zu dir, wenn du einen dicken Fehler gemacht hast?
15. Tritt vor Gott und bekenne deinen schlimmsten Fehler... Was antwortet Gott...?
16. Über welchen Fehler von dir freut sich der Teufel besonders?
17. Wie viel Unvollkommenheit kannst du dir selbst zugestehen?
18. Was ist der schlimmste Vorwurf, den dir jemand machen kann?
19. Wie schwer fällt es dir, dich zu entschuldigen?
20. Mit welchen Worten reagierst du, wenn dir jemand vorwirft, dass du wenig Einfühlungsvermögen hast?
21. Welchem Menschen schuldest du eine Entschuldigung?
22. Welchen Fehler musst du noch wiedergutmachen?

Der Balken im eigenen Auge

Es fällt uns leichter, die Fehler der anderen zu erkennen, als die eigenen. Im neuen Testament hat Jesus auf diesen Zusammenhang hingewiesen und dafür ein prägnantes Bild gefunden: «Warum siehst du den Splitter im Auge deines Nächsten und nicht den Balken im eigenen Auge? Wie kannst du zu deinem Nachbarn sprechen: Lass mich den Splitter aus deinem Auge ziehen, während der Balken in deinem eigenen Auge festsitzt? Oh, du Heuchler, reiße zunächst den Balken aus deinem eigenen Auge heraus. Denn erst dann kannst du scharf sehen und den Splitter aus dem Auge deines Nächsten entfernen.»

Leider konzentrieren wir uns allzu leicht auf die Fehler und Irrtümer der anderen. Dagegen gibt es ein gutes Rezept: Wir erinnern uns an unsere eigenen Fehler und Versäumnisse und besonders an die, die wir unseren Widersachern gern vorwerfen.

Erinnere dich an etwas, worüber du dich sehr geärgert hast. Was hat die Person, durch die du dich verletzt fühltest, getan? Vielleicht hat sie vergessen, dir für ein Geschenk zu danken? Vielleicht hat sie eine spitze Bemerkung gemacht, als du einen Fehler begangen hast?

Erinnere dich nun an Zeiten, wo du etwas Ähnliches tatest wie die Person, über die du dich geärgert hast.

Lass dir Zeit, darüber nachzudenken und fasse die Ergebnisse deiner Überlegung in drei Sätzen schriftlich zusammen. (5 Min.)

Nun wenden wir uns dem Höhepunkt dieser Sitzung zu: Die Teilnehmer sollen zwanzig Minuten ohne Unterbrechung über den peinlichsten und schlimmsten Fehler ihres Lebens schreiben, der sie auch heute noch schmerzt und beunruhigt. Gegen Ende des Schreibens soll jeder den Versuch wagen, etwas Positives in diesem Fehler zu entdecken. Enthält er die positive Saat für eine Veränderung, für Wachstum?

Zum Schluss kommen die Teilnehmer in Paaren zusammen und tauschen sich aus.

Naikan – Konfliktlösung

Viele Konflikte sind schwer zu lösen, weil jeder der Kontrahenten versucht, recht zu behalten. Solange jeder die Illusion hegt, dass er im Recht ist und einen Anspruch darauf hat, die Arena als Gewinner zu verlassen, solange besteht wenig Chance auf eine weise und menschenfreundliche Lösung des Konflikts.

Ein Konflikt wird erst dann lösbar, wenn wenigstens einer der Beteiligten den Versuch macht, eine Lösung anzustreben, die beiden Seiten gerecht wird. Und die besten Ergebnisse sind immer jene, wo beide Parteien am Ende glücklicher sind als zuvor. Wir können es auch anders ausdrücken: Um einen Konflikt zu lösen, müssen wir versuchen, der anderen Seite möglichst wenig Schwierigkeiten zu bereiten, d. h. wir versuchen, eine Balance herzustellen zwischen Geben und Nehmen. Diese humane Strategie gelingt uns leichter, wenn wir es lernen, unseren Gegner Schritt für Schritt sympathischer zu finden. Diese Kunst verlangt Übung. Es lohnt sich, sofort damit zu beginnen.

Such dir irgendeinen kleinen oder größeren Konflikt aus, der zwischen dir und irgendeiner anderen Person schwelt. Nimm dir ein Blatt Papier und untersuche schriftlich, welchen Preis jede Partei für diesen ungelösten Konflikt zahlt. Ist das ein gutes Geschäft? Wie viel Glück geht jeder Seite durch diese Spannung verloren? (10 Min.)

Mach dich nun daran, die Lösung des Konflikts vorzubereiten. Sehr hilfreich ist es, wenn du deinen Ärger und Groll reduzierst. Vermutlich hast du selbst durch Handlungen, Worte oder durch Unterlassungen dazu beigetragen, dass die andere Seite negative Gefühle wie Angst, Unsicherheit, Rachegedanken oder eine schlechte Stimmung entwickelt hat. Du kannst den ersten Schritt tun, indem du deine eigenen negativen Gefühle aus dem Konflikt entfernst. Wie kannst du das machen?

Schreibe der anderen Partei einen Brief, in dem du die Hand ausstreckst. Drücke Bedauern aus, dass du bisher nicht mehr dazu beigetragen hast, dass eine positive Atmosphäre zwischen euch entsteht. Drück den Wunsch nach einem Neuanfang aus, damit ihr am Ende beide zufrieden und glücklich sein könnt. Dieser Brief der ausgestreckten Hand soll keinerlei Angebote oder Forderungen enthalten. Es geht hier zunächst einzig und allein um die emotionale Atmosphäre, die eine Lösung erleichtern oder erschweren kann.

Dadurch, dass du in milder Form eine Entschuldigung für deine Ungeschicklichkeit anbietest, signalisierst du deine Bereitschaft, an einem Konsens zu arbeiten. Das ist die Voraussetzung für einen Frieden ohne Sieger und Besiegte. (15 Min.)

Zum Schluss kommen die Teilnehmer in Quartetten zusammen, um sich auszutauschen. Es ist nützlich, wenn einzelne Freiwillige ihre Briefe im kleinen Kreis vorlesen.

Um Verzeihung bitten

Niemand kann es vollständig vermeiden, andere zu kritisieren, herabzusetzen, einzuschüchtern oder in Selbstzweifel zu stürzen. Besonders wenn wir selbst nicht besonders glücklich sind, versuchen wir, andere in negative Emotionen einzutauchen. Es ist jedoch sehr wahrscheinlich, dass unsere Opfer uns das irgendwann mit gleicher Münze heimzahlen. Dann entstehen Konflikte, die nur durch entwaffnende Freundlichkeit zu lösen sind. Die Hauptschwierigkeit bei dieser Strategie ist, dass wir diese Freundlichkeit nicht spielen können. Sie muss von uns empfunden werden. Das erreichen wir am besten durch die transformative Kraft der Meditation. In der Meditation bringen wir das Kunststück fertig, aus Zorn Zärtlichkeit zu machen. Besonders wirksam ist es, wenn wir in der Meditation üben, unsere eigenen aggressiven Handlungen zu bekennen, uns dafür zu entschuldigen und um Vergebung bitten. Auch die virtuelle Bitte um Vergebung kann Wunder bewirken.

Die folgende Meditation hat sich vielfach bewährt.

Mach es dir auf deinem Platz bequem und schließ die Augen. Atme ein Mal langsam aus.

Genieße eine Minute lang die Ruhe, die sich einstellt, wenn du auf deinen Körper achtest und dir dabei zuhörst, wie du atmest... wie dein Herz schlägt...

Bekräftige nun deine Absicht, durch diese Meditation eine belastete Beziehung zu verbessern... nicht nur mit Worten und Taten, sondern bereits durch die unsichtbaren Schwingungen, die du aussendest und mit denen du dem anderen mitteilst, dass es dir gut geht und dass du ihm dasselbe wünschst.

Nun denk an jemanden, den du irgendwann verletzt hast, absichtlich oder unabsichtlich... Stell dir vor, dass du den Betreffenden jetzt ansprichst und um Vergebung bittest. So kannst du z. B. sagen: Für alle Schwierigkeiten, die ich dir bereitet habe, bitte ich um Vergebung. – Für alle Aufregung, die ich verursacht habe, bitte ich um Vergebung. – Es tut mir leid, dass ich etwas so Unbedachtes getan habe.

Wiederhole diese Sätze des Bedauerns ein paar Mal und bemerke, wie du innerlich darauf reagierst. Konzentriere dich vor allem auf die negativen Gefühle und Gedanken, die du beim anderen provoziert hast. Wärme nicht die schmerzliche Situation neu auf. Du möchtest ja auf einen Neuanfang hinarbeiten.

Akzeptiere es, wenn du in den ersten Meditationen dieser Art nur eine milde Aufhellung deiner eigenen Stimmung bemerkst. Behalte im Auge, dass Meditationen ihren eigenen Rhythmus haben und nicht auf Knopfdruck funktionieren.

Am Ende kannst du deine Dankbarkeit dafür ausdrücken, dass du nun diese freundliche Methode der Meditation kennst und praktizieren darfst. Und dafür, dass dein Widersacher oder Opfer dir zugehört hat.

Der Wert der Vergebung

Jeder Mensch zahlt einen hohen Preis für schwelenden Zorn, für Groll und chronische Vorwürfe. Allein die buchhalterische Betreuung dieser negativen Gefühle verbraucht ein hohes Maß an Energie, die wir sonst für positive Aktivitäten einsetzen könnten. Darum ist es nicht übertrieben zu sagen: Vergebung lohnt sich. Wir alle müssen lernen zu vergeben, um weniger belastet durchs Leben zu gehen. Durch den Prozess der Vergebung verändern wir uns und lernen, auch mit schwierigen Menschen auszukommen.

Wenn wir vergeben, dann bedeutet das nicht, dass wir es billigen, wenn andere uns schaden oder sich rücksichtslos verhalten. Es bedeutet auch nicht, dass wir auf Konfrontationen verzichten, wenn uns unrecht getan wurde.

Vergebung ist ein mentaler Vorgang, der tief in unserem Herzen beginnt und eine Kaskade positiver Gefühle auslösen kann. Wenn wir vergeben, dann glauben wir daran, dass es möglich ist, aus alten Feinden neue Freunde zu machen. Die folgende Übung ist eine Probe aufs Exempel.

Setz dich bequem hin und schließ die Augen. Atme ein Mal langsam aus.

Stell dich darauf ein, dass du gleich eine Art emotionale Vorarbeit leisten wirst, um die Kunst der weisen Vergebung einzuüben.

Lass vor deinem geistigen Auge drei Personen auftauchen, denen du noch nicht vergeben hast...

Bekräftige deine Absicht zu lernen, immer leichter zu vergeben...

Sag zu dir selbst: Die Natur hat mich emotional und intellektuell so ausgestattet, dass ich die Fähigkeit zur Vergebung habe... Indem ich vergebe, finde ich Frieden und die Fähigkeit zu vertrauen...

Geh in deinen Gedanken noch einen Schritt weiter und riskiere die folgende Feststellung: Vielleicht ist der Akt der Vergebung für mich selbst am wichtigsten. Er gibt mir die Möglichkeit, freier zu atmen und in meinem Leben weiterzugehen...

Betrachte nun die Personen, denen du noch nicht vergeben hast... Es ist jetzt nicht erforderlich, dass du sofort den ganz großen Schritt machst und ihnen Vergebung zusicherst. Mach stattdessen einen kleinen Schritt und sage jeder Person mit deinen eigenen Worten, dass du eine Vergebung in Erwägung ziehst.

Achte darauf, wie du dich fühlst, wenn du diese Möglichkeit aussprichst. (1 Min.)

Komm nun mit deiner Aufmerksamkeit hierher zurück und öffne wieder die Augen. Du kannst diese positive Konfrontation mehrfach wiederholen, um körperlich zu spüren, wie gut du dich fühlst, wenn du vergeben hast. Und dafür darfst du dankbar sein.

Vergebung und Mitgefühl

Viele Menschen glauben, dass sie einen Übeltäter dadurch bestrafen können, dass sie böse auf ihn sind, ihn hassen und ihm Unglück wünschen. Sie glauben auch, dass sie sich besser fühlen werden, wenn sie sich rächen. In den meisten Fällen tritt jedoch das Gegenteil ein. Mit negativen Emotionen vergiften wir uns selbst und fügen uns neue Schmerzen zu. Verletzungen und Wunden können wir nur durch Vergebung heilen. Vergebung bewirkt eine Reinigung unseres Herzens.

Warum fällt es uns oft so schwer zu vergeben?

1. *Wir glauben, dass wir durch eine emotionale Amnestie unrechtes Verhalten billigen.*
2. *Wir glauben, dass Vergebung von uns verlangt, Personen, die uns schaden, weiter in unserem Leben zu belassen.*
3. *Besonders schädlich ist die Überzeugung, dass Hass uns stärker macht und uns Kontrolle und Macht verschaffen würde.*
4. *Wir befürchten, dass eine Vergebung zu neuer Verletzung führt.*
5. *Wir glauben, durch unsere vorenthaltene Vergebung den Übeltäter immer wieder neu zu bestrafen.*

Alle diese Spekulationen führen in die Irre. Im Prozess der Vergebung geht es nicht in erster Linie um den Übeltäter, sondern um uns selbst. Wenn ich vergebe, trenne ich mich vom Gift des Grolls und ich gestatte meinem Organismus, einen manchmal langjährigen Alarm aufzugeben. Ich finde Frieden.

Dieser Zusammenhang wird in der folgenden Parabel sehr schön illustriert.

In Tibet werden zwei Mönche aus dem Gefängnis entlassen. Dort hat man sie grausam behandelt und gedemütigt. Jetzt treffen sie sich nach einigen Jahren zufällig wieder. Natürlich sprechen sie über die dunkle Zeit im Gefängnis.

«Hast du unseren Schindern vergeben?», fragte der erste Mönch.

«Ich werde ihnen auf keinen Fall vergeben», antwortete der zweite.

Da sprach der erste Mönche traurig: «Ich glaube, sie halten dich noch immer in Ketten, in einem unsichtbaren Gefängnis.»

Wenn wir das Risiko eingehen, zu vergeben, dann ist das die wirksamste Medizin gegen alle Verluste und Traumatisierungen. Es ist die beste Möglichkeit, das Wunder der Selbstheilung in Gang zu setzen. In der folgenden, ausführlichen Meditation können wir diesen Prozess Schritt für Schritt in Gang setzen.

Mach es dir auf deinem Platz bequem und schließ die Augen. Atme ein Mal langsam aus.

Bekräftige deine Absicht, die Kunst der Vergebung zu lernen.

Denk an jemanden, auf den du noch immer zornig bist, den du hasst oder verdammst.

Atme ein paar Mal tief aus und spüre die negativen Gefühle, die du schon so lange mit dir herumträgst. Im Augenblick musst du nichts an diesen Gefühlen verändern. Beachte sie einfach...

Sei dir nun darüber klar, dass nicht geändert werden kann, was diese Person dir an Leid zugefügt und an Schmerzen bereitet hat. Das ist Vergangenheit. Wir können die Zeiger der Weltenuhr nicht zurückdrehen.

Mach dir noch etwas klar. Es kann sein, dass dieser Mensch, der dir Leid zugefügt hat, sich niemals verändert. Er ist, wie er ist. Atme ein Mal langsam aus und versuche, diesen Gedanken zu akzeptieren.

Nun kannst du in deinen Gedanken einen Schritt weitergehen. Du weißt, dass dieser Mensch so ist, wie er ist, und dass er getan hat, was er tun wollte, weil er es nicht besser wusste. Irgendein Leid quälte ihn, irgendetwas Wichtiges fehlte ihm, eine offene Wunde schmerzte ihn. Vielleicht hat dieser Mensch es nicht einmal selbst gemerkt. Und trotzdem gab es diese Notsituation. Menschen verletzen andere Menschen, weil sie selbst verletzt sind. Betrachte deinen Übeltäter mit den Augen des Mitgefühls. Rechne damit, dass er ein unsichtbares Leid empfunden hat. Stell dir deinen Gegner als kleines Kind vor, das Angst hat, das hungrig ist, das Schmerzen leidet und sich einsam fühlt. Um damit fertig zu werden, schlägt es um sich. Kannst du mit diesem traurigen und hilflosen Kind Mitleid empfinden?

Lass dir jetzt genug Zeit und spüre, wie das Gefühl des Mitleids dir eine innere Weite schenkt, eine Lösung deiner Fesseln, mehr Raum zum Atmen und mehr Platz zum Leben.

Die Vergebung macht dich größer und wenn du dich größer fühlst, kannst du leichter vergeben. (1-2 Min.)

Komm nun mit deiner Aufmerksamkeit hierher zurück und öffne die Augen in deinem eigenen Rhythmus. Du darfst Dankbarkeit empfinden für diese Perspektive, für diese Chance.

Dreifache Vergebung

Für die meisten Menschen ist Vergebung ein Prozess, der Zeit braucht. Wer tief verwundet wurde, braucht vielleicht Jahre, um zu vergeben. Dabei werden verschiedene Gefühle berührt: Wut, Kummer, Angst, Konfusion und schließlich Erleichterung und Dankbarkeit. Immer deutlicher sehen wir, dass die Vergebung für uns selbst am wichtigsten ist. Sie befreit uns vom Schmerz der Vergangenheit. Das Schicksal der Person, die uns Leid zugefügt hat, ist dabei weniger entscheidend. Entscheidend ist die Entlastung unseres Denkens und Fühlens. Außerdem fällt die Last der Schuld von unseren Schultern. Denn unsere negativen Gefühle für andere wirken sich auch als negative Gefühle für uns selbst aus, und wenn wir zu lange in negativen Emotionen verharren, laden wir Schuld auf uns, weil wir uns dem Leben verweigern.

In dieser Meditation lenken wir unsere Aufmerksamkeit nach drei Seiten:

- Wir wünschen uns Vergebung von den Menschen, die wir verletzt haben.
- Wir versuchen, uns selbst zu vergeben.
- Wir wollen jenen vergeben, die uns Leid zugefügt haben.

Mach es dir auf deinem Platz bequem und schließ die Augen. Atme ein Mal langsam aus.

Geh mit deiner Aufmerksamkeit in deine Erinnerung, in die Abschnitte deines Lebens, wo du noch nicht vergeben hast bzw. wo dir noch nicht vergeben wurde...

Bemerke die Gefühle, die dabei entstehen... Bemerke Hindernisse auf dem Weg zur Vergebung... Bemerke die vielen gemischten Gefühle, ohne deine Empfindungen und Gedanken zu beurteilen. Lass alles langsam an dich herankommen... (1 Min.)

Von anderen Vergebung erbitten

Im Naikan lernen wir, die Schwierigkeiten zu erkennen, die wir anderen bereiten. Erinnere dich jetzt an Zeiten, wo du selbst einen anderen Menschen verletzt hast, wo du jemandem Leid zugefügt hast. Lass Bilder und Eindrücke aus der Vergangenheit in dir aufsteigen.

Erinnere dich daran, dass du dich in diesen Zeiten oft unsicher gefühlt hast, ängstlich oder konfus.

Es ist nicht nötig, dass du dir deine Fehler und Entgleisungen jetzt vorwirfst. Das würde dich nur unsicher machen. Öffne dich einfach für das Gefühl des Bedauerns und für den Wunsch, Schuld und Schmerz loszulassen.

Sprich leise und langsam ein paar Mal die Formel: Ich bitte um Vergebung... Ich bitte um Vergebung...

So, wie du jetzt um Vergebung bittest, haben vor dir zahllose Menschen gebetet und Vergebung erfahren. (2 Min.)

Dir selbst vergeben

Wir alle sind oft unfreundlich zu uns selbst. Wir verletzen uns, wir beschämen uns, wir setzen uns herab und leiden dann darunter. Jetzt kannst du anfangen, diese Selbstquälerei aufzugeben.

Lass die Erinnerung an solche trüben Tage in dir aufsteigen. Wenn solche traurigen Erinnerungen auftauchen, nimm sie zur Kenntnis und sage sanft und liebevoll zu dir selbst: Ich will mir vergeben.

Wiederhole das ein paar Mal und lege dabei eine Hand auf dein Herz.

Anderen vergeben

Unzählige Male sind wir von anderen verletzt, geschädigt, betrogen und im Stich gelassen worden. Und wir haben unser Leid noch vergrößert, indem wir Hass empfunden, unsere Herzen verschlossen und Rache gesucht haben. Indem wir nach der falschen Medizin griffen, haben wir unsere Krankheit noch verschlimmert. Nun ist es Zeit, alte Verletzungen zu heilen, die du dir selbst zugefügt hast.

Atme langsam und regelmäßig. Erinnere dich an Zeiten, wo dir Leid zugefügt wurde. Beginne mit kleineren Verletzungen, die dich nicht völlig aus der Fassung bringen. Versuche, dich auf deinen Aggressor zu konzentrieren und bemerke seine Gefühle: Angst, blinde Selbstverteidigung, Konfusion... Und dann erteile ihm Absolution: Ich vergebe dir... Ich vergebe dir... Auch du hast unter Angst, Schmerz und Einsamkeit gelitten.

Diese Meditation ist imstande, manchen alten Schmerz schnell zu lösen, für andere Verletzungen müssen wir sie häufiger wiederholen, um den Panzer der Negativität Stück für Stück aufzulösen.

Sei liebevoll und geduldig mit dir. Und wenn du bemerkst, dass du ungeduldig oder nervös reagierst, dann vergib dir auch diese Unzulänglichkeit.

Vergebung ist kein endgültiger Sieg. Sie muss immer neu errungen werden. (2 Min.)

Beschließe nun diese Meditation mit Dankbarkeit. Sei dankbar für die Möglichkeit, deine negativen Gefühle hinter dir zu lassen und zu den Gefühlen von Liebe, Freundschaft und Vertrauen zurückzufinden. Sei dankbar auch für die Möglichkeit, verfestigte Gefühle in der Meditation aufzulösen und dir Hindernisse aus dem Weg zu räumen. Sei dankbar für die Möglichkeit, neue Hoffnung und neuen Optimismus zu empfinden.